Gérard Bessière é padre. Após estudos de teologia, exegese, filosofia e línguas bíblicas, ocupou-se, por longo tempo, da formação do clero em seu departamento (Lot). Em seguida, foi capelão nacional da Paróquia universitária e das Equipes de ensino, antes de colaborar com as Editions du Cerf, onde criou a coleção "Jésus depuis Jésus", e no jornal *La Vie*. Ao mesmo tempo, funda com H. Vulliez a revista *Notre Histoire* e anima as missas pela rádio France-Culture. Apaixonado pelas pesquisas sobre Jesus, publica, particularmente nas Editions du Cerf, *Jésus est devant* (Jesus está em frente), *Jésus insaisissable* (Jesus incompreensível), *Dieu est bien jeune* (Deus é bem jovem), *Le feu qui rafraîchit* (O fogo que refresca).

JESUS, O DEUS SURPREENDENTE

GÉRARD BESSIÈRE

Tradução de
Lídia da Mota Amaral

OBJETIVA

No Império Romano, século primeiro d.C., os crucificados eram contados aos milhares, a ponto de, no ano 70, quando do cerco de Jerusalém pelo general Tito, o historiador Flavius Josèphe anotar que "faltava espaço para as cruzes e cruzes para os condenados". Quarenta anos antes, no dia 14 do mês de Nizã, três homens sofreram esse suplício. Um deles tornou-se "o Crucificado". Sua memória atravessa a história.

CAPÍTULO PRIMEIRO

O CRUCIFICADO DO MEIO

"Eles o crucificaram, e com ele dois outros: um de cada lado, e Jesus no meio. Pilatos redigiu um letreiro e o fez colocar sobre a cruz. Nele estava escrito: 'Jesus Nazareno, rei dos judeus.'"

Jo 19, 18-19

O plano de Jerusalém faz parte do mapa mosaico da Palestina (século VI) que pode ser visto na igreja ortodoxa grega de Madaba, na Jordânia. Nele podem-se ver as muralhas, a grande avenida e seus pórticos, e, entre os edifícios esquematizados, na parte baixa, a basílica do Santo Sepulcro, construída em 325 por Constantino.

7 de abril do ano 30. Nas proximidades da porta de Jerusalém, fora dos muros da cidade, três patíbulos, três homens crucificados. O lugar chama-se Gólgota, "lugar do crânio". O homem do meio chama-se Jesus, veio de Nazaré, na Galiléia. Os outros dois são "bandidos, malfeitores, subversivos", isto é, homens que lutam contra a dominação romana. Seus nomes não são conhecidos. No entanto, Jesus é conhecido em toda parte. É um pregador itinerante. Viram-no passar pelas aldeias da Galiléia, às margens do lago de Tiberíades, pelas estradas que vão em direção a Jerusalém, através da Samaria, no vale do Jordão, na Judéia. Teve, há quase oito dias, seu momento de glória.

Dia de glória em Jerusalém

Chegou a Jerusalém montado em um jumento. Uma parte considerável da população acolheu-o entusiasticamente: um tapete de ramos e de mantos em seu caminho. As aclamações chamaram a atenção dos responsáveis pela ordem pública: "Hosana ao Filho de Davi, bendito aquele que vem em nome do Senhor!" (Mt 21, 9) Jesus é avisado. Essas aclamações vindas do passado honroso de Israel são

explosivas: "Mestre, repreende teus discípulos." E ele replica: "Se eles se calarem, as pedras gritarão." (Lc 19, 39-40)

Muitos esperam o "Messias", palavra que significa em hebraico "aquele que recebe a unção, o ungido", como a recebiam os reis. Os sonhos de restauração política dançam em volta dessa figura sobre a qual se projetam todas as esperanças: ele expulsará os romanos, castigará os perversos, inaugurará o Reino de Deus.

O pequeno grupo tornou-se uma multidão (mais de 100 mil pessoas encontravam-se em Jerusalém por ocasião da Páscoa). Entusiasmo espontâneo? Operação montada por seus adeptos? Teme-se essa chama

A atual basílica do Santo Sepulcro (ao lado), inaugurada em 1149, foi erigida no mesmo lugar do túmulo de Jesus, uma antiga pedreira a uns quarenta metros do rochedo do Gólgota. Quando, em 42, Herodes Agrippa expandiu a cidade, o lugar passou a ficar no interior dos muros da cidade. Um século mais tarde, por volta de 130, quando Jerusalém tornou-se uma cidade romana com o nome de Aelia Capitolina, a pedreira foi aterrada para receber o fórum e o capitólio. Santa Helena e o bispo Macário redescobriram o lugar, no começo do século IV, e em 325 o imperador Constantino abriu a gruta do sepulcro, recobrindo-a com uma rotunda de 38m de diâmetro, a Anastasis ("ressurreição", em grego). Antes, um átrio recobriu o rochedo do Calvário. Após as demolições do califa Hakim, em 1009, os cruzados, em 1099, restauraram os lugares e construíram uma basílica romana.

"Uma grande multidão soube que Jesus vinha a Jerusalém. Pegaram ramos de palmeira e saíram ao seu encontro, gritando: 'Hosana! Bendito seja aquele que vem em nome do Senhor, o Rei de Israel.'"
Jo 12, 12-13

messiânica que, repentinamente, se apossou de todo o povo. Todas as vezes, a aventura termina por uma repressão regada a sangue. As autoridades judaicas — o sumo sacerdote e a casta sacerdotal particularmente — estão alerta. Os romanos montam guarda.

"Ele encontrou no Templo vendedores de bois, pombas e os cambistas sentados em suas bancas. Fez um chicote de cordas e expulsou-os a todos [...] Espalhou no chão as mœdas dos cambistas e derrubou-lhes as mesas."
Jo 2 14-15

Escândalo sobre escândalo no Templo

O homem não agüenta mais. Ele se exaure, tentando encher os pulmões e respirar, porém o processo de asfixia continua lentamente seu curso. Seus punhos estão pregados na barra transversal. O suplício, reservado aos não-romanos, aos criminosos, aos subversivos e aos escravos, é horrível. Quanto tempo Jesus levará para morrer? Os crucificados chegam a agonizar durante vários dias. Ele é injuriado. Desafiam-no: "Tu que disseste demolir o Templo e reconstruí-lo em três dias, salva-te a ti mesmo." (Mc 15, 29-30)

A alusão é fustigante. Noutro dia, ele escandalizou o povo no Templo, através

de atos e palavras. Fez um chicote de cordas e expulsou os mercadores e os animais vendidos para os sacrifícios, derrubando as mesas dos cambistas, fazendo com que as moedas rolassem sobre o chão de lajes. Entretanto, é preciso bois e ovelhas para o culto. Os judeus que chegam do estrangeiro não podem comprá-los com dinheiro pagão, devem trocá-lo por moeda judaica. Jesus se levanta contra os lucros abusivos dos "vendilhões do Templo"? O caso é muito mais grave.

Uma falta imperdoável: o golpe nas prerrogativas da todo-poderosa casta sacerdotal

Sem animais a ofertar, sem dinheiro para comprá-los, não há mais sacrifício. Jesus contesta o próprio culto. Não foi o primeiro a pôr em xeque a liturgia sacrifical e a olhar sem fascínio a fumaça que se eleva acima do altar onde queimam as oferendas. Alguns profetas já haviam pronunciado palavras muito duras da parte de Deus:

Reconstruído e aumentado por Herodes, o Templo estava ainda em construção no tempo de Jesus. Em um perímetro de 1.500m, comportava o átrio dos gentios, aberto a todos, uma esplanada cercada de pórticos, depois, o átrio das mulheres, o dos homens (à esquerda e à direita da reconstituição) e, enfim, o pátio dos sacerdotes com o altar dos sacrifícios (ao centro). Além, um prédio guardava o Santo, onde se encontravam o altar do incenso e o candelabro de sete braços, e o Santo dos santos, lugar onde o sumo sacerdote entrava, uma vez por ano, para depositar um turíbulo fumegante.

"Abomino, desprezo vossas festas, o sacrifício de vossos animais gordos. Não me interessam. Mas, sim, o direito escoando como a água e a justiça, como uma torrente que não se esgota jamais" (Amós, século VIII a.C.).

Jesus, então, pronuncia uma frase mais sacrílega ainda: "Demoli este Templo e em três dias eu o reconstruirei." Há um milênio este lugar santo era o coração da nação. Há seis séculos, após a destruição de Jerusalém pelos babilônios, desejava-se reconstruí-lo. Há 46 anos, enfim, construiu-se um conjunto monumental. Alguns criticavam-no: os essênios de Qumrã, João Batista... No entanto, o Galileu fala em destruí-lo! Trata-se, no caso, de atacar ao mesmo tempo as prerrogativas de todo um clero e seus privilégios de todo tipo. Trata-se, também, de querer levar Jerusalém à ruína, pois a cidade vive do fluxo de peregrinos das grandes festas. Trata-se, enfim, de desdenhar da presença do próprio Deus nesse lugar santo. E o Nazareno pretende substituir-lhe "em três dias" o famoso Templo esperado no fim dos tempos, quando Deus virá rasgando os céus, inaugurar Seu Reino.

Jesus falou insistentemente desse "Reino de Deus" iminente, agora eis que quer frear seu aparecimento.

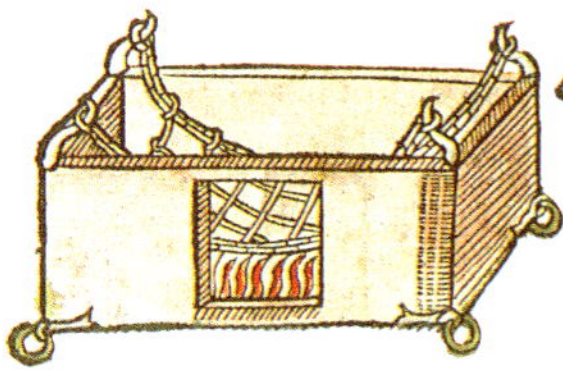

O sumo sacerdote era considerado revestido de santidade a partir do momento em que, no instante de sua entronização, vestia o paramento composto de oito peças de fazenda preciosa.

Tudo isso corre o risco de desembocar em algum movimento de insurreição. Já é tempo de dar um basta. O sumo sacerdote deu a palavra final: "Mais vale que um único homem morra que todo um povo."

Uma verdadeira revolução

O crucificado está se exaurindo. O sobressalto do corpo a fim de encontrar fôlego torna-se irregular, brutal. Que reprovação da parte de Deus! Que zombaria no motivo de sua condenação escrito acima de sua cabeça: "Rei dos judeus"! Seus inimigos mandam-lhe dizer: "Se é o rei de Israel, que desça da cruz e acreditaremos nele!" (Mt 27, 42)

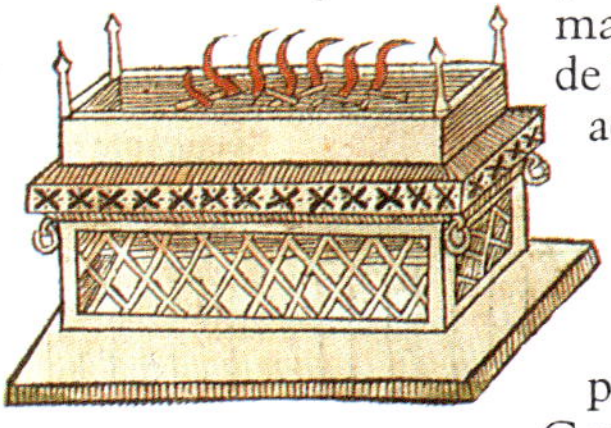

Ele teve a coragem de dizer e de repetir: "Disseram-vos (...) Eu, porém, vos digo" (Mt 5, 21...) Caso se acredite no Evangelho de

Com a queda da realeza, no século VI a.C., o sumo sacerdote passou a acumular prerrogativas sacerdotais e poder político. Porém, foi descredenciado desse poder pelo rei Herodes, fantoche dos romanos. Entretanto, estava à frente do Grande Conselho judaico, o Sinédrio. Sua função assegurava-lhe lucros consideráveis, graças às compras e privilégios que envolviam o culto.

Pela manhã e à noite, um cordeiro era imolado no Templo. Era o "sacrifício perpétuo". Havia, também, os sacrifícios próprios dos fiéis — rolinha, cordeiro, boi... conforme o poder financeiro do oferente. Um total de 7.200 sacerdotes, reagrupados em 24 seções, asseguravam o serviço do Templo, duas vezes por ano, durante uma semana. Por ocasião das grandes festas (Páscoa, Pentecostes, Tabernáculos), todos participavam. Era um cargo hereditário. Fora do horário de serviço ao Templo, exerciam profissões diversas. Também 9.600 levitas participavam das cerimônias, encarregados, principalmente, da música e do canto. O sumo sacerdote presidia as cerimônias mais importantes.

Jesus tinha o costume de vir repousar com seus discípulos em um lugar chamado Getsêmani, (literalmente: lagar de azeitonas), uma pequena colina, a leste de Jerusalém, conhecida pelo nome de Jardim das Oliveiras. Foi lá que Judas levou a tropa que devia prendê-lo. Judas havia combinado: "Aquele em quem eu der um beijo, esse é o Mestre."

Mateus, que talvez tenha enfatizado um pouco essas antíteses, Jesus não hesitava em se fazer igual a Moisés que legara a Lei a Israel. Fazia do amor o único absoluto e relativizava todo o sistema de prescrições que estruturava a existência de Israel, consolidava sua identidade e o fazia viver com Deus. Tudo tornava-se

flutuante, tinha-se a impressão de que se mudava de religião, de ver pulverizada a concepção tradicional de Deus. O dano era geral e ilimitado. Jesus, de certa maneira, havia posto tudo em questão.

Por volta das três horas da tarde, deu um grande grito: "Meu Deus, meu Deus, por que me abandonaste?" (Mc 15, 24) — primeiro versículo do Salmo 22. Tem sede. Apresentam-lhe uma esponja embebida em vinagre. Outro grito. E expira. O corpo amolece, curvando-se sobre o próprio peso.

Quem julgou Jesus? Permanecem dúvidas

Foi tudo muito rápido. Jesus havia sido preso, à noite, num jardim, a leste de Jerusalém, além do vale do

Cedron, num lugar chamado Getsêmani. Quem compunha a tropa enviada pelos sumos sacerdotes? Os romanos estavam misturados à milícia judaica? É discutível, pois os quatro evangelistas apresentam diferenças e imprecisões. Judas, o companheiro que trai Jesus, sem que se saiba exatamente por quê, guia os soldados. No momento da prisão, os discípulos fogem.

Na seqüência dos acontecimentos posteriores — comparecimento perante o tribunal, deslocamentos, processo —, os Evangelhos divergem. Jesus compareceu duas vezes — à noite, e, depois, pela manhã — diante do grande Conselho judaico, o Sinédrio (Evangelhos de Mateus e de Marcos)?

Naquela noite, a parada que Jesus faz no Jardim das Oliveiras vai tomar outro sentido: ele sabe que Judas o traiu. Pressentindo o perigo, tira da oração a força para enfrentá-lo, enquanto seus discípulos se entregam ao sono.

Foi apresentado somente a um grupo de "autoridades", à noite, na casa de Anás, sumo sacerdote entre os anos 6 a 15 de nossa era, genro de Caifás, e sumo sacerdote em exercício?

Os exegetas e os historiadores procuram, há séculos, reconstituir a trama dos acontecimentos, contudo, a discussão continua aberta. Sem dúvida, Jesus foi levado, após sua captura, à casa de Anás, em seguida, à de Caifás, onde Pedro negou conhecer o Mestre, ao cantar do galo, de madrugada. "Todo o Sinédrio", que contava 71 membros, estava realmente reunido como o dizem os Evangelhos de Marcos e de Mateus? É pouco provável. Será que alguns de seus membros lá estavam e que outros chegaram no decorrer das horas? O Evangelho de Mateus visa enfatizar a responsabilidade das autoridades religiosas judias pela morte de Jesus. Porém não se encontra nenhum termo jurídico nos textos de Marcos e de Mateus. Enfim, não se sabe se o Sinédrio, na época, tinha capacidade de pronunciar uma condenação à morte, ou somente a possibilidade de pedir ao representante de Roma — o procurador — uma execução capital.

"Tu és o Filho de Deus?" "Sim, Eu o sou."

Mesmo persistindo certas dúvidas, sabe-se muito sobre a "Paixão" de Jesus longamente contada em cada Evangelho. Jesus é ultrajado: os guardas dão-lhe

No tempo de Jesus, o Sinédrio agrupava os antigos, que representavam a aristocracia laica, os príncipes dos sacerdotes em função, ou honorários, e os membros das quatro famílias entre as quais eram escolhidos, assim como os escribas ou doutores da Lei, habitualmente fariseus. O Sinédrio decidia sobre matéria civil e religiosa dentro dos limites fixados por Roma.

"[Os soldados] revestiram-no de um manto de púrpura, e cingiram-lhe uma coroa de espinhos que haviam tecido. [...] 'Salve, ó Rei dos judeus!' Batiam-lhe na cabeça com uma vara, cuspiam-lhe o rosto e, dobrando os joelhos, prostravam-se diante dele."
Mc 15, 16-19

bofetadas, flagelam-no, cospem em seu rosto, cobrem-no com um véu, dizendo-lhe: "Profetiza!" (Mc 14, 65) É sua reputação de profeta que se revela, ao mesmo tempo em que é escarnecida.

Testemunhas de acusação apresentam-se, entretanto, se contradizem. Algumas relembram as palavras de Jesus sobre a destruição do Templo. Finalmente, o sumo sacerdote intima Jesus a quebrar seu silêncio: "Tu és o Cristo, o Filho do Deus Bendito?"(Mc 14, 61) A palavra "Cristo" equivale ao grego *messias*, formação grega do aramaico *mesîha* ou do hebraico *masîah*, que significa "ungido". "Filho do Bendito" ou "Filho de Deus", nos lábios do sumo sacerdote, não corresponde ao significado forte que lhe dará a fé cristã. Na linguagem judaica, é perguntado a Jesus se Ele é o Messias, o Enviado de Deus. Não havia blasfêmia alguma em se apresentar como o Messias: outros homens, nessa mesma época, pretenderam exercer essa missão sem, contudo, incorrerem em acusação. Por que o sumo sacerdote vai gritar blasfêmia, rasgando sua túnica, após ter ouvido Jesus? As palavras do acusado reproduzem expressões do Livro de Daniel e do Salmo 109. Elas vão muito mais além do que uma simples resposta "sim" ou "não": "Eu o sou, e vereis o Filho do Homem sentado à direita do Poder e vindo sobre as nuvens do céu." (Mt 26, 64) Jesus toma uma atitude espantosa em relação às concepções comuns — freqüentemente, muito terra a terra — que se tinha do Messias. Havia

O fragmento de papiro (6 x 9cm), ao lado, descoberto no Egito e datado da primeira metade do século II, origina-se do texto de João relatando a Paixão, escrito em torno do ano 90. É o mais antigo manuscrito dos Evangelhos.

Este rolo de Isaías (segunda metade do século I) figura entre os textos encontrados numa gruta de Qumrã, próximo ao Mar Morto.

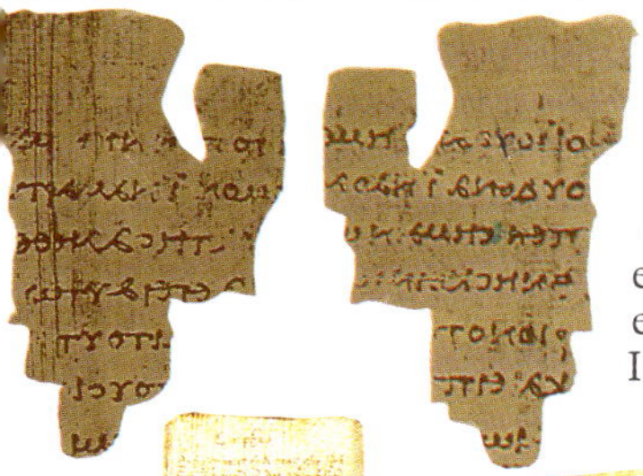

recusado, várias vezes, que a multidão o proclamasse rei. Deixara claro que seria o "servo sofredor", evocado pelos oráculos encontrados no Livro de Isaías. E aí, diante do

sumo sacerdote, declara a pretensão de pertencer à esfera divina: "sentar à direita do Poder", "vir sobre as nuvens do céu", tratava-se de se apropriar da linguagem e dos signos reservados Àquele cujo Nome inefável não se pronunciava jamais. Os acusadores

"Os sumos sacerdotes e todo o Sinédrio procuravam um testemunho. [...] Alguns se levantaram e proferiram contra [Ele] este falso testemunho: 'Ouvimo-lo dizer: Demolirei este santuário construído pelas mãos do homem e em três dias reedificarei outro que não será feito pela mão do homem.'"

Mc 14, 55-58

gritam blasfêmia. À pergunta do sumo sacerdote: "Que vos parece?", todos responderam que ele merecia a morte.

Quando Pilatos propôs libertar um dos prisioneiros, a multidão escolheu Barrabás (à direita) em vez de Jesus.

O processo torna-se político

Restava obter de Pilatos, o representante de Roma, a execução de Jesus. Como? Acusando-o de ser um perturbador perigoso da ordem pública que incitava a revolta e o não pagamento do imposto a César. Enfim, ele se arrogava o direito de ser Messias e rei. Esta última palavra atingia o alvo da questão. Os romanos sempre temeram que os judeus se rebelassem e proclamassem um rei. Não é por acaso que a placa sobre a cruz levará a inscrição: "Rei dos judeus."

Os evangelistas, que insistem na responsabilidade das autoridades judaicas, atenuam a de Pilatos. Eles apresentam-no como um homem embaraçado, que tenta salvar Jesus, antes de ceder diante da chantagem e do risco de perturbações. O governador tenta beneficiá-lo com o costume, muito popular, de libertar um prisioneiro por ocasião da festa da Páscoa; de nada adiantou. Os homens do sumo sacerdote vociferaram: "Então, entrega-o para que seja crucificado." (Mc 15, 15) Que fórmula estranha a encontrada nos quatro Evangelhos, tão

"Vendo que nada conseguia e que o tumulto aumentava cada vez mais, Pilatos tomou a água, lavou com ela suas mãos diante da multidão, dizendo: 'Não sou responsável pelo sangue deste justo. Isso é convosco.'"

Mt 27, 24

Era a Pôncio Pilatos, procurador da Judéia, nomeado pelo imperador Tibério, que cabia decidir sobre a execução de toda sentença capital pronunciada pelo Sinédrio. Desde a morte de Herodes, o Grande, em 4 a.C., Roma reforçara sua autoridade sobre a Judéia. Arquelaus, herdeiro do título real, foi reconhecido somente como "etnarca" (governador), tendo como território a Judéia, a Iduméia e a Samaria. Porém, dois anos mais tarde, foi deposto e exilado na Gália e seu território confiado a um procurador — um funcionário imperial. Pôncio Pilatos foi o quinto procurador da Judéia, de 26 a 36. Muito cedo, por ter introduzido em Jerusalém a efígie do imperador, ao passo que a Lei judaica proibia as imagens, e, por haver se apropriado do dinheiro do Templo para obras, teve de enfrentar rebeliões. Mais tarde, mandou massacrar os samaritanos. Por descontentamento popular, será destituído e enviado a Roma para lá ser julgado.

distante das formas jurídicas de uma sentença.

Após uma nova série de escárnios, em que os soldados fazem de Jesus o rei da zombaria, começa o caminho da cruz.

O costume de refazer o caminho do calvário, meditando os episódios da Paixão, data das cruzadas. O itinerário adotado localiza o julgamento de Jesus na fortaleza Antônia, perto do Templo. Na realidade, desconhecemo-lo.

A interrogação persiste: por que os responsáveis religiosos quiseram eliminar Jesus? Souberam com muita habilidade apresentar o inimigo como um agitador perigoso para o poder romano. Fizeram sorrateiramente a acusação, de cunho religioso, mudar para a de cunho político. O processo foi só um pretexto e uma encenação, pois a decisão já não havia sido tomada antes mesmo de seu começo? Ela era o último ato de um conflito que não cessara de se avolumar desde as primeiras iniciativas de Jesus. Foram as liberdades que este homem tomava em relação aos usos e costumes, fazendo frente à Lei de Deus; o questionamento das dicotomias — justos e pecadores, judeus e pagãos, puros e impuros — que constituíam a base religiosa, moral e social da nação. Enfim, para resumir, o escândalo sobre a esplanada do Templo, um verdadeiro símbolo!

Uma escolha se impõe: o novo caminho de Jesus ou o Deus da Tradição

Numerosos responsáveis viveram, sem dúvida, um drama de consciência. Dentre eles, Nicodemos, que à noite fora ver Jesus, a fim de interrogá-lo. No meio do povo, alguns o consideravam como um profeta, outros, como o Messias, algumas vezes, tentaram fazê-lo rei. Jesus era o enviado de Deus ou um impostor, falso profeta, falso messias?

Entre os que constituíam as forças vivas do povo judeu, muitos — fariseus, saduceus, escribas que podiam ser fariseus ou saduceus — haviam estabelecido o diálogo ou o debate com ele. Porém, o caminho por ele aberto só podia provocar desconfiança nas diversas correntes religiosas. Podia-se hesitar, pois ele não rejeitara a Lei: ora ele a criticava, ora a admitia. Dispunha-se ao debate com os fariseus. De fato, a mola-mestra, a força de seus posicionamentos, ia além. Ele anunciava a chegada do Reino de Deus: o sistema legal ficava assim relativizado; podia-se contestá-lo, não levá-lo em consideração ou praticar certos preceitos dentro de um espírito novo.

As hesitações, pouco a pouco, ocupavam o lugar da certeza; suas palavras e seus atos abalavam a religião, a Lei recebida de Moisés, a organização sagrada da sociedade. Ele abria um caminho tão novo que, para segui-lo, era necessário mudar de Deus. Finalmente, todo seu comportamento blasfemava contra o Deus dos pais e contra as tradições dele recebidas.

A morte de Jesus, aos olhos dos judeus, era o sinal incontestável de que ele era um falso messias, senão Deus não o deixaria morrer. O resultado mostrava a fundamentação do processo. Um processo que, na realidade, havia começado desde os primeiros dias em que o profeta galileu iniciou sua pregação.

De origem persa, o suplício da cruz era utilizado por gregos e romanos para os criminosos, escravos e estrangeiros. Postes eram fincados no chão em caráter permanente fora das cidades. O condenado devia levar a barra transversal (em latim: *patibulum*) até um desses postes. Em seguida, a barra era colocada no topo ou um pouco mais abaixo — provavelmente, esse foi o caso de Jesus, pois a frase foi fixada acima de sua cabeça. Segundo os escritores cristãos dos primeiros séculos, uma cavilha ou um suporte sustentava o corpo, entre as pernas, mas, contrariamente ao que se acredita freqüentemente, não havia suporte para os pés. O condenado era pregado pelos punhos e pelos pés. Acima, três estações do caminho do calvário na Jerusalém do século XIX.

Naquele tempo, os grupos "batistas" multiplicavam-se. A figura mais expressiva desse movimento de despertar religioso é João Batista. No deserto, próximo ao rio no qual batiza as multidões, ele propõe um caminho que rompe com as instituições sagradas, incitando o povo a se regenerar, a fim de se preparar para a intervenção divina. João batiza Jesus, que se torna também batizante, antes de tomar outro caminho.

CAPÍTULO SEGUNDO

COM OS BATISTAS DO JORDÃO

O batismo inaugura a missão de Jesus. Daquele que o batizou, dirá um dia, às multidões: "Entre os nascidos de mulher, não apareceu ninguém maior do que João Batista; e, no entanto, o menor no Reino dos Céus é maior do que ele."

Mt 11, 11

Em Nazaré da Galiléia, neste décimo quinto ano do reinado de Tibério César, ano 28 da era cristã, fala-se muito no "filho do carpinteiro". Ele voltara. Não se sabe mais desde quando havia partido. Encontrara na Judéia, próximo ao Jordão, o grupo dos discípulos de João, chamado "o Batista". Este homem, despojado de tudo, anunciava a chegada do Reino de Deus, a ira e o julgamento divinos. Em Jerusalém, até nos átrios do Templo, ele lançava a inquietação nas consciências. Multidões vinham até ele, e ele as exortava a confessar seus pecados, a se converter, a entrar no rio, onde as batizava.

Foi passando a pé pelo Jordão, por volta do ano 1200 antes da nossa era, que o povo hebreu entrou no país de Canaã, a "Terra Prometida" (ao lado). O rio ficará como símbolo do itinerário em direção a Deus: assim como os profetas Elias e Eliseu, João Batista viveu perto do Jordão. O batismo e a passagem de uma margem a outra são o sinal da entrada no Reino de Deus.

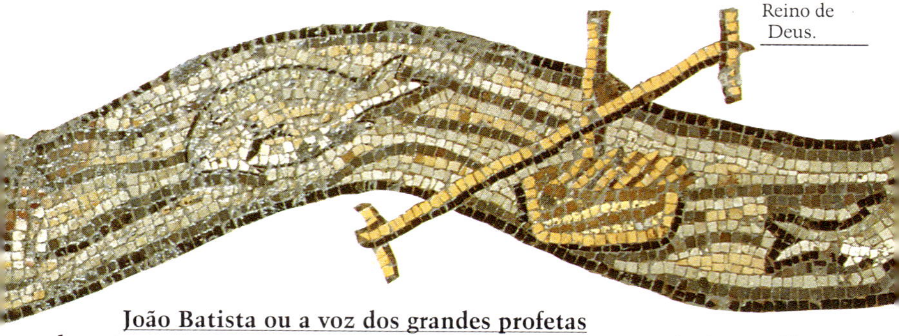

João Batista ou a voz dos grandes profetas de outrora

O apelo à água — abluções, aspersões rituais — não é novidade. Na religião judaica, como em muitas outras, os ritos de purificação fazem parte do acesso ao mundo divino, particularmente para aqueles que servem no Templo. A novidade

A água, as abluções rituais tinham um lugar especial no ritual judaico. Era necessário ser puro para viver de acordo com Deus. A pureza é ritual, antes de ser moral. Como outros povos, os judeus são submetidos a proibições relativas à alimentação, aos animais, à sexualidade, ao parto, à lepra, à morte, etc. das quais não se conhecem sempre a origem ou a razão de ser. Jesus reagirá, convidando à pureza "de coração".

da época, é a multiplicação, a concorrência, de grupos onde é praticado um batismo, às vezes, renovado a cada dia. João Batista inova: seu batismo é ministrado uma única vez, vivenciado em grupo, faz surgir das águas um povo regenerado, disponível para o Reino de Deus que virá.

João era filho de sacerdote. Porém, afastara-se do Templo. Tinha mesmo a audácia de propor a todos o perdão sem recorrer aos sacrifícios para expiação dos pecados. A proximidade da intervenção de Deus relativizava, para ele, ritos e instituições. Para os que se inquietavam em relação à conduta a seguir, aconselhava simplesmente a partilha, a honestidade, o respeito ao próximo.

Jordão significa sem dúvida, em aramaico, "aquele que desce". O rio nasce nas encostas do Hermon a 550m de altitude e se lança no Mar Morto a – 392m (acima, no mapa de Madaba).

Em direção a um novo batismo

Sua mensagem era ameaçadora: anunciava que o machado estava ao pé da árvore e que alguém viria segurar a pá de joeirar para separar o grão da espiga.

"Os habitantes de Jerusalém, de toda a Judéia e de todas as regiões circunvizinhas ao Jordão vinham até ele, confessavam os seus pecados e se permitiam ser por ele batizados no rio Jordão [...] Então, Jesus veio da Galiléia ao Jordão para ser batizado por ele. João opunha-se, dizendo: 'Eu é que tenho necessidade de ser batizado por ti. E tu é que vens a mim?' Jesus, porém, respondeu-lhe: 'Deixa por agora, convém que cumpramos assim toda a justiça.' João, então, não lhe opôs resistência. Batizado, Jesus saiu da água e eis que os céus se abriram e viu o Espírito de Deus descer como uma pomba e vir sobre Ele. E uma voz, vinda do céu, dizia: 'Este é meu Filho muito amado, no qual pus toda a minha afeição.'"

Mt 3, 5-17

Esse alguém batizaria na água e no fogo: purificação e recriação. Inútil, enfim, pretender uma posição privilegiada, só porque se tem por pai Abraão: "Pois Deus pode, destas pedras, suscitar filhos a Abraão." (Lc 3, 8)

João Batista abria um caminho novo, um caminho de urgência. Não freqüentava o Templo, onde se celebravam festas e ofereciam-se sacrifícios, nem as sinagogas, onde as Sagradas Escrituras eram ensinadas e onde se rezava. Representantes do clero, sacerdotes e levitas vinham interrogá-lo. Os saduceus — a classe sacerdotal de Jerusalém — temiam esse desertor que reavivava a seu modo as críticas ao Templo ou ao culto proferidas pelos profetas Oséias (século VIII a.C.) e Jeremias (século VI a.C.). Os fariseus também se inquietavam. Esses homens instruídos e virtuosos eram muito cuidadosos na prática da Lei, guardando-se de toda impureza ritual (como o contato com um pagão), vivendo "separados" dos pecadores públicos: a freqüência obsessiva da pureza chegava mesmo a criar diversas categorias dentro do grupo que formavam. No momento em que incorressem em alguma impureza, multiplicavam as abluções rituais.

Saduceus e fariseus discordavam quanto à Lei, em diversos pontos da doutrina, em atitudes a serem adotadas face ao invasor romano. Todavia, tanto para uns quanto para outros, o acolhimento da santidade de Deus levava a um sistema de separação. Toda uma estratificação religiosa decorria disso. Atribuía-se aos pecadores a responsabilidade das desgraças infindáveis suportadas pela nação. Somente a prática rigorosa do culto e a observância minuciosa da Lei poderiam salvar Israel.

Os essênios, que desde o ano 100 a.C. viviam no deserto observando rigorosamente a Lei de Moisés, consideravam o clero de Jerusalém como impuro. Mais apegados ainda do que os fariseus às regras de pureza, tomavam vários banhos rituais por dia. Substituíram os sacrifícios de animais por "sacrifícios dos lábios": prece, meditação, estudo das Escrituras. Esta comunidade da Nova Aliança esperava a guerra dos Filhos da Luz contra os Filhos das Trevas. Em 68 da nossa era, tomarão parte no levante contra os romanos e terminarão tragicamente. Os manuscritos essênios foram encontrados — os famosos manuscritos do Mar Morto — no fundo de jarros escondidos em grutas, perto do monastério de Qumrã.

Entre os essênios, esses homens que viviam em comunidades em certas aldeias e que haviam fundado um monastério em Qumrã, às margens do Mar Morto, levou-se ao extremo a busca da separação. Consideravam o clero de Jerusalém pervertido. Uma contra-sociedade fora fundada: as regras de admissão e de vida eram rigorosas.

A separação se exercia também no interior da comunidade: os ritos de purificação não eram oferecidos igualmente a todos.

Para terminar com a questão do puro e do impuro

Quando João convida ao "batismo de arrependimento para a remissão dos pecados" (Lc 3, 3), a proposta é original e contestatória. Parece esquecer o Templo, os sacrifícios, as abluções. Ao passo que as abluções eram renovadas a cada

impureza, o batismo de João é proposto uma vez por todas, sendo ele próprio o ministro. Ao passo que as abluções devolviam a pureza ritual àquele que havia incorrido em impureza (tocando em um cadáver, por exemplo), o batismo de João comportava a confissão das faltas morais. Não se tratava mais de um sistema do puro e do impuro,

João Batista viveu entre os essênios? O lugar onde batizava distava do monastério de Qumrã somente cinco horas de caminhada, o que permite pensar que teve contato com eles. De fato, quanto à prática e à doutrina, as diferenças prevalecem sobre as analogias. João alimenta-se de produtos do deserto, sem dar à refeição o caráter sagrado e comunitário do qual é revestida em Qumrã. João ministra um batismo único e definitivo, rejeitando os inúmeros banhos de purificação. E enquanto os essênios constituem uma comunidade separada, ele se mistura ao povo, acolhe os "pecadores", convidando-os a viver com honestidade e generosidade.

Os evangelistas apresentam João Batista como um precursor, aquele que afirmou a superioridade de Jesus.

tratava-se, sim, de mudar de coração e de vida. Foi no deserto, onde Deus, outrora, mostrara a seu povo o caminho da Terra prometida e o colocara à prova para "falar a seu coração", que o Batista empreendera a regeneração do povo. Não era mais uma questão de separação: o batismo era coletivo, as várias categorias sociais juntas. Enfim, tratava-se do futuro: enquanto as abluções permitiam ao indivíduo readquirir a pureza perdida, o batismo de João fazia com que esse indivíduo passasse a integrar o grupo de seus discípulos.

Sabe-se, através de testemunhas de outros autores judeus e cristãos, que existiam outros grupos de "batistas", de nomes variados: nazoreus, sabeus, masboteus, mergulhadores da manhã, etc. É dentro dessa fermentação que se pode situar João e seu grupo. Jesus não era filho de sacerdote. Não saíra das escolas rabínicas de Jerusalém. Durante a infância e a

"No dia seguinte, João vê Jesus e diz: 'Eis o Cordeiro de Deus, aquele que tira o pecado do mundo. Este é aquele de quem eu dizia: Atrás de mim vem um homem que me é superior, porque era antes de mim.'"

Jo 1, 29

juventude, freqüentara a sinagoga de sua vila. Quando e como tomou o rumo em direção às margens do Jordão para ser batizado e tornar-se discípulo de João? Ignora-se. Porém, já fazia parte da dependência "batista", longe das grandes comunidades constituídas por saduceus, fariseus e essênios, aos quais deve-se acrescentar aqueles que praticavam a resistência armada face à ocupação romana. Essas várias correntes constituíam os pólos — divergentes — da sociedade judaica.

Toda uma sociedade é posta em questão

Quanto tempo Jesus ficou com João? Também não se sabe. Sabe-se que se pôs a batizar e que os discípulos de João ficaram enciumados com seu sucesso. Ele também tinha discípulos. Em seguida, vemo-lo voltar à Galiléia, sua província. É um momento decisivo e revelador; pois vai mostrar a diferença entre sua ação e a de João e do movimento batista. Jesus deixa o deserto para se misturar às populações das vilas e das cidades.

Herodes Antipas, tetrarca da Galiléia, e da Peréia, havia ordenado prender João Batista o qual lhe havia censurado ter tomado a mulher de seu irmão, Herodíades. Apesar das pressões dela, Herodes retardava mandar executá-lo. No dia do banquete de seu aniversário, Herodes, fascinado ao ver Salomé, filha de Herodíades, dançar, prometeu dar à jovem o que ela pedisse. Impelida pela mãe, respondeu: "Dá-me a cabeça de João Batista em um prato." O que foi feito.

João vivia de gafanhotos e de mel selvagem, vestia túnica de pele que lembrava Elias, o profeta do século IX a.C., cujo retorno era esperado, a fim de anunciar o fim dos tempos. Jesus vestia-se como todo mundo e participava de festas, a ponto de se passar por "beberrão e glutão" (Mt 11, 9).

Mais temível ainda. As instituições e as associações sociorreligiosas que o movimento batista punha em questão por sua existência e suas práticas, sentir-se-ão cada vez mais contestadas. Jesus leva o protesto, até mesmo onde reina o sistema tradicional nas ruas e sinagogas. Como não possui nem vestimenta nem modo de vida particulares, contagia o âmago da existência mais cotidiana, mais comum, a do povo. Nessa igualdade de vida para todos, ele inova em relação a João. Este último propunha aos pecadores a conversão e o batismo. Jesus, sem preâmbulos, vai ao encontro deles, come e bebe com eles, desprezando todo o sistema de purificação-separação-santidade. Também agora relativiza a Lei. Passo espantoso que rapidamente suscitou a suspeita geral dos fariseus e dos saduceus e que faz com que Herodes Antipas, tetrarca da Galiléia, ordene a decapitação de João e tente também matá-lo. Este novo profeta não levará seu posicionamento de toda uma sociedade, até mesmo de sua estrutura religiosa, o mais fundo possível, exortando os homens a mudanças extraordinárias?

Para os profetas dos séculos VIII e VI, o deserto era o lugar do encontro com Deus, relembrando o tempo em que foi necessário atravessá-lo para entrar na Terra prometida. Os essênios e João Batista citavam o texto de Isaías (40, 3), que convidava os deportados para a Babilônia a se prepararem para um novo êxodo.

Na Galiléia das Nações, a província do norte, aberta às rotas internacionais e à circulação de idéias, Jesus mistura-se à multidão. Ele não fala de "cólera" prestes a chegar como João Batista. Ele anuncia uma novidade alvissareira: a vida vai mudar, as dívidas serão perdoadas e os escravos libertados. Por quê? Porque Deus está chegando. Quando? Hoje.

CAPÍTULO TERCEIRO

A CHEGADA DE DEUS É PARA... HOJE

"Depois de João ter sido preso, Jesus veio para a Galiléia [...]. Passando ao longo do mar da Galiléia, viu Simão e André, seu irmão, lançando as redes ao mar, pois eram pescadores. Jesus disse-lhes: 'Vinde após mim e farei de vós pescadores de homens.'"
Mc 1, 14-17

Durante quanto tempo Jesus foi um pregador itinerante? O período de um ano pretendido por alguns é bastante curto; o de três anos é considerado como o mais provável. Torna-se dispensável levantar incertezas de lugar e tempo para contar o que Jesus fez "nos dias em que era humano", tendo em vista as variadas e refletidas narrações deixadas pelos evangelistas sobre sua pessoa e sua obra. Por hora, Jesus

A vida itinerante de Jesus na Palestina reencontra, para além dos séculos de sedentarismo, as origens pastoris do povo judeu ("Lembra-te de que teu pai era um arameu nômade", Dt 26, 5) e a longa caminhada de 40 anos que, segundo a tradição, conduziu-o das terras de escravidão no Egito ao país da liberdade, às terras de Canaã, além do Jordão.

circula pela Galiléia, região aberta a todos os horizontes da terra e do mar. A cidade de Cafarnaum é a confluência de rotas vindas de Jerusalém pelo vale do Jordão e das colinas da Samaria, de Damas, de Palmira e do Extremo Oriente, dos portos do Mediterrâneo. Esta "encruzilhada de nações", onde se confundem populações, mercadorias e correntes ideológicas, é suspeita para as autoridades religiosas de Jerusalém,

guardiões da ortodoxia. Os romanos também estão alerta, pois essa região, sempre efervescente, vê, freqüentemente, bandos armados fustigar o invasor e os judeus que "colaboram" com ele.

O fim de uma espera de muitos séculos

Sabe-se que tudo pode acontecer aqui. Alguns espíritos estão eletrizados. Por toda parte, uma expectativa obscura habita as consciências. Um pequeno povo vive na pobreza. Essa situação de opressão não pode perdurar. Muitos aguardam um levante decisivo. Como? Alguns citam locais variados apresentados por uma literatura

As escavações arqueológicas de Masada e de Qumrã legaram tesouros em forma de utensílios da vida cotidiana ou da vida religiosa, material de incenso (no alto, à esquerda), lamparinas de azeite, objetos de cozinha de bronze (embaixo) ou restos de louça (acima, jarras de azeite ou de vinho).

inflamada, como os apocalipses (palavra grega que significa "revelação"), cujos anúncios fazem vibrar todo um povo que cada vez menos tolera a opressão. Todos pensam que o Deus de Israel vai intervir através de seu próprio poder ou através de um enviado.

As recordações idealizadas do reino de Davi, século X a.C., estavam em todas as mentes: Israel conhecera, então, seu apogeu. Deus prometera ao pastor-rei que sua descendência reinaria para sempre. Porém, desde que os babilônios vazaram os olhos de Sedecias, em 587 a.C., após ter matado seus filhos diante dele, a nação não tivera mais reis. Felizmente, o próprio Deus reinava entre o povo. Muitos aguardavam ansiosamente esse dia, quando os romanos seriam destruídos, seus colaboradores e os pecadores castigados, e Israel purificada.

"O Reino de Deus chegou": uma noção subversiva

O rumor público repercutia já por todos os cantos as palavras de Jesus, gravadas como *slogans*: "Completou-se o tempo, o Reino de Deus está próximo; convertei-vos, crede na Boa-Nova." (Mc 1, 15) Enfim, terá terminado a espera de seis séculos, durante a qual padecemos sob os jugos sucessivos dos assírios, depois dos babilônios, dos persas, gregos e romanos? Terão os tempos atingido a maturidade? A segunda fórmula é mais explosiva ainda. Será preciso traduzi-la literalmente: o Reino de Deus aí está, à porta, não poderia estar mais perto. No fim do ofício, na sinagoga, ao recitar o Qaddish, implorava-se: "Que ele faça reinar seu Reino durante vossa vida

Davi, que unificou as tribos do norte e do sul, fez de Jerusalém a capital, venceu os filisteus e ampliou o território de Israel; ficou na memória de seu povo como o símbolo do verdadeiro rei e do homem piedoso que cantava salmos (à esquerda). Na época de Jesus, chamavam "filho de Davi", o messias-rei esperado.

e vossos dias e durante a vida de todas as casas de Israel. Que seja logo e em tempo próximo..." Jesus anuncia que a espera chegou ao fim, que o Reino está começando, que Deus está na soleira da porta.

"O Reino de Deus chegou." Não havia palavra mais mobilizadora, mais perigosa para a ordem existente. Ela não fazia parte de um vocabulário religioso; ela estava em todos os lábios; estava nela o fogo dos levantes e da insurreição. Os resistentes, que habitavam as grutas da Galiléia e

Exilado com seu povo na Babilônia, (586-536), o profeta Ezequiel teve uma visão: Deus lhe ordenava chamar o Espírito num vale cheio de ossadas. "O espírito penetrou nelas, retomaram a vida e colocaram-se de pé." (Ez 37, 10) A imagem profetizava a libertação e o retorno à Palestina.

se misturavam às multidões inquietas, queriam apressar a vinda desse Reino pela luta armada. Os essênios, também, na luz vibrante de seu deserto, esperavam a guerra entre os Filhos das Trevas e os Filhos da Luz. Os fariseus mais reservados, mais resignados, pensavam que a prática fiel da Lei faria com que esse tempo chegasse. Quanto aos saduceus, estavam acomodados demais nas vantagens morais e materiais do *status quo*, e se esforçavam em preservá-lo.

Será Ele o rei esperado? Quando restabelecerá o reino de Israel?

O que queria Jesus dizer com esta expressão revolucionária: "O Reino de Deus chegou"? Várias vezes, o povo tentou fazê-lo rei. Até o fim, mesmo entre seus companheiros mais próximos, esperar-se-á que ele represente um papel político e

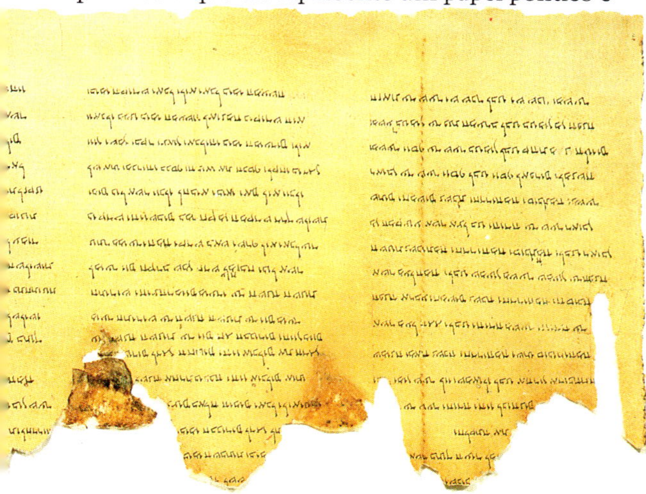

que "restabeleça o reino de Israel". (Atos dos Apóstolos 1, 6) Incorrera no risco da ambigüidade e, finalmente, fornecerá a seus adversários o motivo que o levará à condenação: "O rei dos judeus." Por hora, Jesus formula duas exortações que fazem pressentir as distâncias que tomará em relação à concepção "política" do Reino de Deus. Todas as

Cada grupo tinha sua interpretação da Lei. A dos essênios é encontrada neste Rolo do Templo (um dos manuscritos do Mar Morto), um pergaminho de 10mm de espessura por 8,60m de comprimento, quase integralmente preservado. Escrito em hebraico em torno de 150-100 a.C., ele descreve o Templo ideal, esperado no futuro, e trata da pureza, do rei, dos sacrifícios, das festas...

“Detesto e desprezo vossas festas [...], o sacrifício dos animais gordos, não o aceito. Afastai de mim o ruído dos vossos cânticos, não quero ouvir a música de vossas harpas! Antes, que a eqüidade jorre como água e a justiça como uma torrente que não seca jamais.” (Amós 5, 21 — século VIII a.C.)

duas atingem o coração das pessoas: “Convertei-vos”, ou mais literalmente, transformai vosso espírito. A perturbação social esperada será interior, não violenta? “Crede na Boa-Nova.” A palavra grega “evangelho” designava uma notícia alegre, feliz, que o arauto fazia ressoar, quando proclamava diante do povo ou em uma cidade distante, um acontecimento que suscitava a

Jesus é um leigo, pertence à tribo de Judá e não à de Levi que era a dos sacerdotes e levitas.

Os Evangelhos foram escritos em grego (ao lado). Os de Mateus, Marcos e Lucas são chamados "sinóticos", pois podem ser dispostos em três colunas e "lidos juntos", possuem textos paralelos. A comparação entre eles permite conhecer melhor a intenção de cada autor e as comunidades às quais foram destinados. Assim sendo, Mateus, que se dirige aos judeus convertidos, refere-se muito ao Antigo Testamento, enquanto o Evangelho de Marcos, direcionado aos romanos sem cultura bíblica, já não o cita tanto.

alegria de todos: uma vitória militar, o nascimento de uma criança da realeza... Estamos longe do anúncio amedrontador de João Batista que via o machado ao pé da árvore e falava em "ira". Uma nota de alegria faz vibrar a mensagem. Através dos séculos, a palavra "evangelho" foi portadora de alegria, de júbilo, designará a mensagem e a vida de Jesus e os quatro pequenos livros que guardam sua memória escrita.

A arte de reanimar os dinamismos latentes

Enquanto os três sinóticos relatam a visita de Jesus à sinagoga de Nazaré (acima), somente Lucas (4, 29) conta que tentaram jogá-lo do alto de um penhasco.

Jesus, que intervinha voluntariamente nas sinagogas das aldeias por onde passava, vai encontrar uma ocasião propícia para revelar sua missão. Era dia de sábado, estava em Nazaré. Como todo judeu instruído, podia ler a Escritura e comentá-la diante da assembléia. Sabe-se na aldeia que já falara em outros lugares, por isso ninguém se espanta ao vê-lo levantar-se no momento desejado. Entregam-lhe o Rolo do profeta Isaías; ele o desenrola e encontra a passagem onde está escrito: "O Espírito do Senhor está sobre mim, ele me ungiu para evangelizar os pobres;

Jesus, como todo judeu, podia tomar a palavra na sinagoga, ler a Lei e comentá-la. A sinagoga (do grego — assembléia) é o lugar de oração, de estudo e de encontro das comunidades judaicas. Contrariamente ao Templo, a insistência não se apoiava no sacrifício, mas na Lei. As responsabilidades cabiam não aos sacerdotes, mas aos leigos. Havia, no século I, 600 mil judeus na Palestina e cada cidadezinha importante possuía sua sinagoga. Em Jerusalém, cidade de aproximadamente 25 mil habitantes, havia 480 delas.

enviou-me para proclamar a libertação aos cativos, aos cegos a luz, a pôr em liberdade os oprimidos e a proclamar um ano da graça do Senhor." (Lc 4, 18-19)

Enrola o pergaminho, entrega-o ao servo e senta-se. Todos os olhos estão fixos sobre ele. Primeira constatação que não escapa aos mais cultos de seus ouvintes: Jesus não foi até o fim de seu oráculo. Teria de ter prosseguido: "... e um dia de vingança de nosso Deus." (Is 61, 1-2) Interrupção significativa, que sublinha novamente a diferença em relação a João Batista e a outras correntes da época que projetavam até mesmo em Deus sua sede de violência.

O Evangelho de Lucas é o único a citar esse texto profético. Mesmo que fosse o evangelista o introdutor do citado oráculo, a fim de dar uma certa ênfase à obra de Jesus, escolha e omissão redundariam reveladoras. O "filho do carpinteiro" sabe extrair

tesouros do passado, valorizar, atualizar, reanimar dinamismos latentes.

Uma palavra ressoava no silêncio atento da assembléia: "Hoje, cumpriu-se esta passagem da Escritura que acabais de ouvir." (Lc 4, 21) Ele declara-se tranqüilamente "o Ungido", isto é, o "Messias" do Senhor, seu enviado, aquele que cumprirá esse plano de regeneração.

As pretensões do "filho do carpinteiro" são exorbitantes

No dia em que João Batista, na prisão, mandou seus enviados perguntar-lhe: "És tu aquele que há de vir ou devemos esperar outro?" (Mt 11, 3). Ele responderá através de curas. Em

Jesus vai olhar com prioridade absoluta os doentes, enfermos, considerados como impuros. Segundo a mentalidade da época, estabelecia-se uma relação entre as forças demoníacas, os pecados e as doenças e enfermidades. A lepra, por exemplo, levava à exclusão da comunidade. Mais para preservar a pureza religiosa dos judeus do que para evitar o contágio, os leprosos eram relegados para além das aglomerações. A Lei proibia todo contato com eles. Distantes dos homens e de Deus, eram considerados mortos civis e religiosos. Somente Deus poderia curá-los. Quando o Messias viesse, eles seriam purificados e tomariam seu lugar no seio do novo povo. A cena do Evangelho é extraordinária (ao lado): o leproso "vem até Jesus e cai de joelhos diante dele". Jesus "estende a mão e o toca"! "Eu quero, fica limpo." (Mc 1, 40)

"Seus discípulos perguntaram-lhe: Rabi, quem pecou, ele ou seus pais, para que nascesse cego? Jesus respondeu: Nem ele nem seus pais pecaram, mas assim foi para que sejam manifestadas nele as obras de Deus..."

Jo 9, 1-7

seguida, sugerirá aos emissários contar a João o que "viram e ouviram: os cegos recobram a visão, os coxos andam normalmente, os leprosos ficam limpos, os surdos ouvem, os mortos ressuscitam e a Boa-Nova é anunciada aos pobres. E bem-aventurado aquele que não encontra em mim ocasião de escândalo". (Mt 11, 4-6) Jesus está em consonância visível com os oráculos passados, aquele que deve vir. Com ele, através de gestos de alcance simbólico, um poder de cura, de libertação e de vida começa a manifestar-se. "Vim lançar fogo sobre a terra" (Lc 12, 49)... o fogo do Espírito. Deus sai de seu silêncio distante e toma as rédeas nas mãos. Através de seu ensinamento, demonstra incessantemente que o Reino existe e é iminente. Os pobres, os doentes, os prisioneiros, os oprimidos são os destinatários da Boa-Nova. Suas vidas serão transformadas.

Jesus anunciava também o "ano do jubileu", isto é, o ano de graça do Senhor (Lc 4, 19). Moisés determinara em que consistia essa renovação, essa primavera a cada 50 anos: libertar os escravos, perdoar as dívidas. Tratava-se de transformar as relações entre os homens, de revigorar o povo, de recriá-lo na justiça e na generosidade vindas de Deus. O sumo sacerdote devia inaugurar no tempo desejado esse ano santo. De fato, esse jubileu fazia parte do passado longínquo idealizado, contudo, fazia-se questão de pô-lo em prática. Eis que Jesus anuncia essa verdadeira revolução econômica e

"Filho de José..." a expressão tem duplo sentido. Para os compatriotas de Jesus, ela reintegra na humanidade comum o "carpinteiro" que se arroga uma missão fora do comum. Mas para Mateus e Lucas, ela pode lembrar que ele é descendente de Davi. É com esse título que deverá ir com Maria de Nazaré a Belém para o recenseamento (à esquerda).

Jesus possuía dentro dele a rica memória do povo de Israel. Assimilara-a na sinagoga, onde as Escrituras, as tradições, a oração comprovavam os grandes feitos de Deus para com seu povo. Na Doura Europos sobre o Eufrates, uma sinagoga do século III de nossa era, afrescos, sem dúvida inspirados em rolos ilustrados, relembram a história de Israel com seu Deus. Acima, o sumo sacerdote Aarão, diante do Templo.

social e parece intimar as autoridades a desencadeá-la. Porque é "hoje" que o oráculo torna-se realidade, pois o Reino de Deus está começando. A tensão aumenta. As pretensões do pregador são exorbitantes. Chegou a hora de enquadrá-lo em seu exato lugar. "Ele não é o filho de José, o carpinteiro? Ele não é o carpinteiro, o filho de Maria, e irmão de Tiago e de José, de Judas e de Simão? Suas irmãs não estão aqui perto de nós?" (Mt 13, 55-56)

Os sãos não necessitam de médico

A atenção de Jesus para com os doentes e os enfermos é um elemento primordial de sua mensagem vivenciada. Outra prioridade, dessa vez,

um escândalo: ele se dirige àqueles que as pessoas virtuosas chamam de "pecadores". Nessa categoria vaga estavam inclusos os publicanos — esses cobradores judeus que coletavam os impostos para os romanos — e todos os que seguiam à sua maneira as prescrições da Lei, as cerimônias do Templo, o culto na sinagoga e as múltiplas observâncias que acompanhavam a vida cotidiana. Desde o início do Evangelho de Marcos, Jesus, que acabara de chamar um publicano para segui-lo, senta-se à mesa desse homem com todo um grupo de pecadores e de publicanos. Os escribas fariseus interpelam os discípulos: "Por que Ele come com os publicanos e os pecadores?" Jesus, que possui um ouvido apurado, replica ironicamente: "Não são os sãos que necessitam de médico, mas os doentes. Não vim chamar os justos, mas os pecadores." (Mt 9, 11-12)

Em uma parábola, Jesus dá o exemplo da prece humilde de um publicano, oposta à soberba de um fariseu.

Os sumos sacerdotes e os fariseus combinam prender Jesus, mas hesitam por causa da multidão. Numa parábola de réplica, Jesus lhes diz que eles são os excluídos do Reino de Deus: um rei (Deus) convida seus amigos para celebrar as núpcias de seu filho, porém, por motivos diversos e importantes — um está se casando, um outro acaba de comprar bois... — esses convidados de estirpe não comparecem. Sem levar em consideração as regras de pureza ritual ou moral, o rei vai, no lugar deles, acolher à sua mesa mendigos e estropiados, bons e maus, aí compreendidos os pagãos.

Frases lapidares alertam para a novidade radical do que está prestes a começar: "Ninguém remenda em manto velho com pano novo, pois o remendo novo arranca parte do velho e o rasgão fica maior. Ninguém põe vinho novo em odres velhos, senão o vinho rompe os odres e se perderá o vinho juntamente com os odres. Para vinho novo, odres novos!" (Mc 2, 21-22)

Como fala Jesus?

Jesus fala, mas não é prolixo. É incisivo. Sua palavra "opera milagres". Em poucas palavras — "Sai dele" (Mc 1, 25), "Levanta-te" (Mt 9, 6) — liberta e põe de pé o paralítico. Sua linguagem direta será lembrada: "Que vosso sim seja sim!" (Mt 6, 37) Nenhum vocabulário especializado, é a língua comum que ele usa com

Aquela mulher, que há 12 anos "sofria de um fluxo de sangue, era impura. [...]. Escutara falar de Jesus. No meio da multidão, aproximou-se dele por trás e tocou-lhe o manto. Dizia para si mesma: 'Se eu tocar um único pedaço de suas vestes, estarei curada.' Imediatamente o fluxo de sangue estancou [...]. 'Minha filha, tua fé te salvou, vai em paz, estás curada!'"
(Mc 5, 25-34)

No início de sua vida pública, sobre uma colina da Galiléia, Jesus pronunciou o "Sermão da Montanha": "Bem-aventurados os pobres em espírito, porque deles é o Reino dos Céus; bem-aventurados os mansos, porque possuirão a Terra prometida; bem-aventurados os que choram, porque serão consolados; bem-aventurados os que têm fome e sede de justiça, porque serão saciados; bem-aventurados os misericordiosos, porque alcançarão a misericórdia; bem-aventurados os puros de coração, porque verão a Deus; bem-aventurados os construtores da paz, porque serão chamados filhos de Deus; bem-aventurados os que são perseguidos por causa da justiça, porque deles é o Reino dos Céus."
Mt 5,1-12

simplicidade. Não se esconde atrás das autoridades e dos comentários como faziam os rabinos: "Ficavam impressionados com seus ensinamentos, pois ensinava como quem possui autoridade e não como os escribas." (Mt 7, 28-29) O homem não era um repetidor: "Em que consistiam esse novo ensinamento e esse poder?" (Mc 1,27)

Tal novidade aparece através dos atos e atitudes de Jesus, está unida a Ele. Seus encontros e iniciativas põem em destaque sua mensagem. Mesmo que os Evangelhos tenham estabelecido reagrupamentos de milagres, de "ditos", de parábolas, de controvérsias, tudo se interligava, nos dias em que o jovem pregador ia de aldeia em aldeia através da Galiléia.

A mensagem consistia, primeiramente, no contato com todos. Às vezes, Jesus dá explicações suplementares ao grupo dos que o acompanham e vive com eles uma relação de mestre para discípulos da qual recolherão e transmitirão o conteúdo. Porém seu ensinamento não é nem esotérico nem reservado. Ele anuncia ao povo a proximidade do Reino de Deus, mostrando os primeiros sinais concretos da nova criação: o cego vê, o paralítico anda, as pessoas são curadas e reintegradas à sociedade.

"Apresentaram-lhe crianças, para que as tocasse, mas os discípulos as repreenderam, Jesus indignou-se e disse: 'Deixai vir a mim as criancinhas [...] pois o Reino de Deus pertence àqueles que se parecem com elas. Quem não acolher o Reino de Deus como uma criancinha não entrará nele.'"
Mc 10, 13-16

A parábola, um gênero que Jesus domina com genialidade

A parábola será seu modo de expressão privilegiado para evocar o Reino e convidar sutilmente a acolher sua novidade, sem se aperceber disso. Esse gênero literário era usado pelos rabinos. Jesus o tornou seu de maneira genial. As 40 parábolas conservadas nos Evangelhos são suficientes para revelar sua arte excepcional de contador de histórias. Mas não se enganem: a parábola não é um procedimento simplista

Na história das culturas e das religiões, a conduta de Jesus é inovadora, pois, pela primeira vez, a criança é apresentada como modelo da humanidade por vir. Antes, ela era vista como um pequeno ser do qual deviam-se reprimir as más inclinações e que era preciso educar, tendo os adultos como modelo.

para fazer com que mentes lentas compreendam verdades profundas ou para traduzir em termos concretos considerações abstratas. Ela é um meio de comunicação muito sutil que evita qualquer empecilho, envolve o ouvinte, levando-o a tomar uma posição, sem que ele se aperceba, em relação ao Reino. Um exemplo típico o faz constatar.

Jesus está almoçando na casa de Simão, um fariseu, recostado em almofadas, como era costume na época. Uma pecadora entra com um frasco de perfume e se aproxima dele. Derrama suas lágrimas sobre os pés de Jesus, enxuga-os com seus cabelos, beija-os e unge-os com perfume. O fariseu dizia para si mesmo: se ele fosse profeta, saberia com quem está tratando, e não se deixaria profanar por essa mulher. Jesus vai intervir. Impossível destratá-la ou ficar mudo. Jesus conta uma história sem relação aparente com o que está acontecendo. "Um credor tinha dois devedores; um deles devia-lhe 150 denários, o outro, 50. Como eles não tinham como pagar, o credor perdoou-lhes a dívida. Qual deles o amará mais? Simão responde: 'Suponho que aquele a quem mais perdoou.' Jesus lhe diz: 'Julgaste corretamente.'"

O fariseu e Jesus estão de acordo! Só resta passar da história fictícia ao episódio que estão vivenciando, e fazer Simão descobrir

Jesus "contou" parábolas. Ele também as pôs em prática através de seus atos e conduta, cujo significado simbólico era bastante forte, a ponto de causar escândalo. Aceitava dividir a mesa com fariseus (abaixo refeição na casa de Simão); mas sentava-se à mesa também com publicanos e pecadores; falava com prostitutas; dirigia-se aos marginalizados e aos excluídos; curava em dia de sábado, dia do repouso judaico... A parábola exprimia o que Jesus vivia. Jogo de correspondências sutis entre a história contada e a história vivida.

Aos escribas e fariseus que se escandalizavam de ver seus discípulos comer sem ter cumprido as abluções de purificação, transgredindo assim a tradição dos antigos, Jesus replica: "Não é o que entra pela boca do homem que o torna impuro, mas o que sai dela." E quando os discípulos fizeram-lhe notar que "os fariseus ficaram chocados com essas palavras", ele responde: "São cegos a conduzir cegos; se um cego conduz um cego, cairão os dois num buraco." (Mt 15, 1-14) Vós "coais o mosquito e engolis o camelo!", diz ele, adiante, aos fariseus.

que ele é o que devia menos e o que menos amou. Reagindo à historiazinha, Simão começa a concordar com a atitude de Jesus: não se trata mais do puro e do impuro, trata-se do amor e do perdão. E quem não responderia como Simão à pergunta de Jesus? A resposta era evidente. Força genial da parábola, que faz passar a evidência de um registro a outro, a fim de substituir o código de pureza pela luz do amor e da misericórdia e fazer de Simão um dos atores da parábola.

Virgens prudentes (à direita) e virgens insensatas (à esquerda): as insensatas que não abasteceram suas lâmpadas com azeite não entrarão com o esposo na sala do banquete. O "âmago" da parábola é o apelo a estar preparado na hora de o fato acontecer.

Quando a parábola acusa

As parábolas, quando o conflito se acirra com os adversários, tomam um tom polêmico e acusador: o irmão mais velho que recusa participar da festa pela volta do pródigo representa os adversários de Jesus, que não aceitam sua atitude acolhedora para com os pecadores; os assassinos do filho do vinhateiro são os inimigos de Jesus que querem tirar-lhe a vida. Jesus é a pedra rejeitada pelos construtores, o bom pastor que se sacrifica por suas ovelhas. A parábola, fustigante, pode-se tornar uma arma de controvérsia que lança fora as máscaras, denuncia e anuncia o drama. Até o fim, a parábola provoca interiormente a escolha e a decisão.

Jesus não diz jamais o que é o Reino. Ele diz com o que ele se parece. Parece com o que se passa em uma narração, revela-se no desfecho de uma crise. O Reino reclama homens que ponham toda sua seriedade em acolhê-lo, como se construíssem uma torre ou partissem para a guerra. Jesus chama à vigilância, pois o Reino de Deus é iminente; convida a não proceder prematuramente

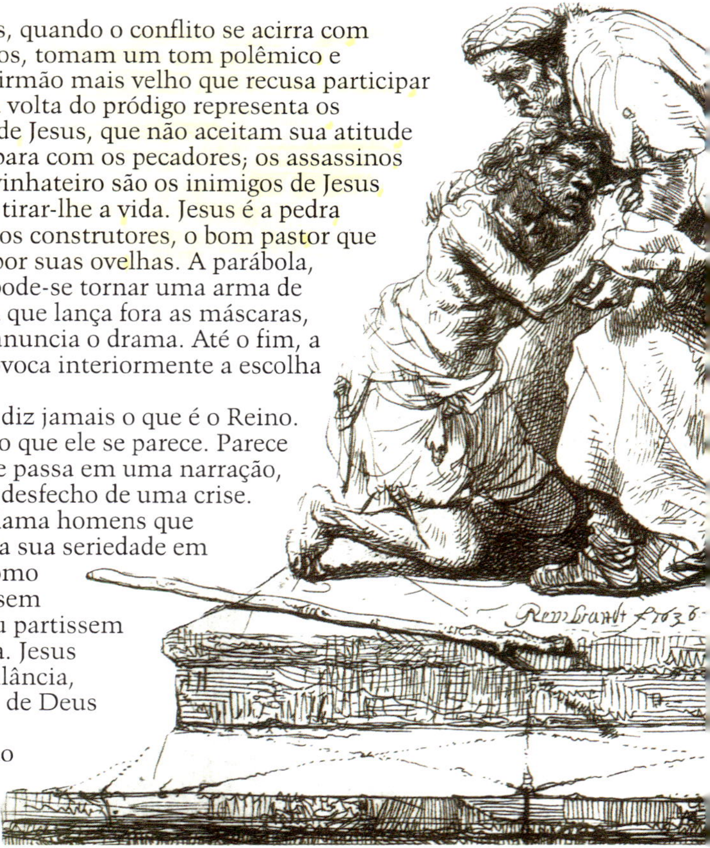

ao julgamento dos bons e dos maus e a levar uma vida fecunda, esperando o retorno do mestre. Consiste em ser sal e luz. Porém, o ensinamento que exorta o Reino vai se confrontar com o que esclarece, ilumina e rege toda a vida de Israel: a Lei.

Que o pai dê uma festa suntuosa com a volta de seu filho perdulário (ao lado e ao centro), que o patrão que parte em viagem confie a seu servo somas fabulosas (parábola dos talentos), que o pastor abandone 99 ovelhas, a fim de procurar uma única delas... Como se vê, não faltam exageros. Conforme observa o filósofo Paul Ricoeur, a parábola apresenta, às vezes, "um elemento de extravagância". O escorregão é revelador: a prática habitual é subvertida, comportamentos inacreditáveis aparecem, o Reino de Deus surge diferente; a extravagância revela a generosidade inventiva de Deus. Como o provérbio, a profecia ou o preceito, a parábola "desorienta a existência em vista de reorientá-la. A extravagância é o instrumento desta desorientação".

A surpresa corre pelas multidões. O arauto da Boa-Nova não se contenta com palavras. Liberta alienados, possessos; cura cegos, paralíticos, leprosos. Enfim — escândalo — perdoa pecados! Os mundos greco-romano e judeu tinham também seus taumaturgos, curandeiros e exorcistas. Porém, os milagres de Jesus, que se dedicou ao povo, são ao mesmo tempo uma linguagem. Sua mensagem em atos.

CAPÍTULO QUARTO

POR QUE MILAGRES?

"Ao entardecer, apresentaram-lhe muitas pessoas, e ele, com sua palavra, expulsou os espíritos e curou todos os que estavam doentes, a fim de que se cumprisse o que foi dito pelo profeta Isaías: 'Ele tomou as nossas enfermidades e carregou as nossas dores.'" Mt 8,16-17

O homem berra: "Que queres tu de nós, Jesus de Nazaré? Vieste para nos perder? Sei quem tu és: o Santo de Deus." Jesus responde: "Basta! Sai dele." (Mc 1, 24-26) O homem é sacudido pelo espírito impuro que sai dele vociferando.

A cena se passa na sinagoga de Cafarnaum. Jesus, de volta à Galiléia, está começando sua pregação. A assembléia está comovida e se pergunta, baseada na ligação feita entre a mensagem de Jesus e seu poder: "Donde vem esse ensinamento novo e esse poder? Ele manda nos espíritos impuros e eles lhe obedecem!" (Mc 1, 27) Sua fama, como rastro de poeira, espalha-se por toda Galiléia.

Por baixo do milagre, o símbolo

A narração do exorcismo é seguida da cura, como se o autor do Evangelho de Marcos quisesse, desde o início de seu texto sobre a missão de Jesus, enfatizar dois aspectos importantes: A sogra de Simão Pedro — um dos primeiros discípulos

Nos arredores de Cafarnaum, a 4km da embocadura do Jordão, no lago de Tiberíades, as escavações trouxeram à luz, sob uma sinagoga do fim do século IV (abaixo), um edifício mais antigo, na realidade, a sinagoga onde Jesus pregava

de Jesus – está acamada com febre. "Falam-lhe dela." Ele se aproxima dela, pega-lhe a mão e a faz levantar. A febre desaparece, "e ela começa a servi-los". (Mc 1, 30-31)

Segue-se um "sumário" que mostra, sem entrar em detalhes, a importância dessas intervenções de Jesus: "Ao cair da tarde, após o pôr-do-sol, trouxeram-lhe todos os enfermos e os possessos, e a cidade inteira estava reunida diante da porta. Ele curou muitos enfermos com diversas doenças, expulsou muitos demônios." (Mc 1, 32-34) Os exorcismos e as curas relatados são apenas alguns exemplos, escolhidos dentre muitos outros milagres. Porém, um deles, mais que os outros, fez com que os presentes e todos aqueles que dele tiveram notícia estremecessem. Jesus está em Cafarnaum.

Jesus inicia sua vida pública, libertando um possesso (acima). Mostra, assim, que veio para vencer as forças do Mal. Expulsar demônios era considerado um sinal da chegada dos últimos tempos.

Jairo, chefe de sinagoga, veio ver Jesus. Caindo a seus pés, suplicava por sua filha que, segundo Marcos e Lucas, estava prestes a morrer e, segundo Mateus, acabara de morrer. "Ela não está morta, está dormindo", dirá Jesus, ao entrar na casa de Jairo. "Acorda." Ela acordou e "levantou-se imediatamente" (Lc), "pôs-se a andar" (Mc). "Acordar, levantar-se" fazem parte do vocabulário cristão mais antigo, designando a ressurreição do Cristo e dos crentes. Esse milagre (ao lado) anuncia a prefiguração.

"Filho, teus pecados te são perdoados." Milagre e controvérsia confundem-se na apresentação pitoresca — a descida pelo telhado — de Jesus e do paralítico (ao lado). O conflito irá num crescendo até seu desfecho mortal entre os defensores das tradições, dos ritos, da Lei e Jesus cujas iniciativas ultrapassam as doutrinas e práticas ensinadas. Duas concepções de Deus e da relação entre Deus e os homens defrontam-se.

A casa onde ele se encontra está superlotada. Ele "pregava a Palavra". Quatro homens, levando um paralítico numa maca, constataram que não podiam nem mesmo se aproximar da porta. Fazem, então, uma abertura no telhado de palha e por ali descem o enfermo. Jesus pronuncia, então, palavras surpreendentes: "Filho, teus pecados te são perdoados."

Os escribas presentes "refletiam em seus corações: Ele blasfema. Quem pode perdoar pecados a não ser Deus?" Jesus penetra no íntimo deles: "O que é mais fácil dizer: teus pecados te são perdoados, ou: levanta-te, pega teu leito e anda? Para que saibais que o Filho do Homem tem, na terra, o poder de perdoar os pecados. Eu te ordeno, levanta-te, pega teu leito e vai para tua casa." (Mc 2, 1-11)

Assombro geral. E o que fazia ele dos ritos de expiação previstos no Templo de Jerusalém? Assim sendo, ele perdoava os pecados em qualquer lugar, sem nenhuma preparação. Dava condições ao homem de retomar sua marcha normal. A cura das enfermidades

Os Evangelhos contêm 58 narrações de ações extraordinárias de Jesus porém, certos textos reduzem-nas a cerca de 30 milagres — curas, exorcismos e intervenções sobre os elementos da natureza.

era uma realidade, símbolo e conseqüência. Uma outra libertação quebrava, ao mesmo tempo, entraves mais íntimos.

Os quatro evangelistas narram milagres, cada qual segundo sua própria sensibilidade

O Evangelho segundo Marcos conta cerca de 20 fatos miraculosos. Esses textos representam perto de um quarto da obra. Ali, se vê Jesus reagir ao acontecimento. Ele não toma a iniciativa de curar, às vezes, é reticente, mas dá resposta ao pedido.

Dedicou-se ao povo e ao que esperam dele. Em uma sociedade em que a medicina só é acessível a um pequeno número de privilegiados, e onde as forças vivas do saber fecham-se em círculos restritos que vivem distantes das massas — sobretudo os saduceus e os essênios —, Jesus, exorcista e com poder de curar, convive com o povo.

O Evangelho segundo Mateus retoma os milagres relatados por Marcos, porém procede a cortes: suprime alguns deles, esforça-se por mostrar o

A maneira pela qual Jesus procede à cura do surdo-mudo não é diferente da utilizada pelos taumaturgos judeus e pagãos, de então: ele põe seus dedos nos ouvidos do surdo-mudo, cospe, toca-lhe a língua, dá um suspiro. Os Evangelhos não mencionam os gestos de cura, pois desejam mostrar que Jesus cura por sua palavra.

"Ele faz tudo com perfeição, faz os surdos ouvirem e os mudos falarem." Essa reação das testemunhas nos remete aos oráculos de Isaías (35, 6): "Então, os ouvidos dos surdos se abrirão [...], a língua do mudo dará gritos de alegria."

sentido daqueles que menciona, vendo neles o cumprimento das profecias de outrora.

O Evangelho segundo Lucas seleciona também, acrescentando passagens que lhe são próprias. A ligação com o ensinamento de Jesus é enfatizada. Preocupa-se em mostrar também que Jesus é o Messias.

O Evangelho segundo João apresenta somente sete milagres concebidos essencialmente como sinais da nova vida oferecida por Jesus, acolhida e celebrada pela comunidade cristã.

João é o único evangelista que faz menção ao milagre de Caná (Jo 2, 1-12). Foi o primeiro milagre feito pelo Cristo no começo de sua vida pública. Jesus é convidado para as núpcias com sua mãe e seus discípulos mais próximos. Já no final da festa, o vinho acaba. Maria avisa Jesus e diz aos empregados que façam tudo o que ele mandar. Na tradição bíblica, banquete era a imagem dos tempos messiânicos e das núpcias de Deus com a humanidade.

Quando os deuses e os demônios preocupam-se com os homens

Se compararmos o conjunto desses textos às narrações de milagres em outros contextos religiosos do mundo antigo, somos tocados por sua sobriedade; nada de muito espetacular, poucas palavras, como se esses atos de Jesus não fossem o essencial e retornassem a uma iniciativa que os englobasse.

Na época, entre a variedade de povos, não se fazia distinção, hoje corrente, entre o religioso e o científico. Os deuses, os demônios, os espíritos intervinham, era crença, na vida dos homens, exercendo seu poder, maléfico ou benéfico, sobre a saúde do corpo e do espírito. No mundo judeu, doença e pecado também estavam correlacionados.

A Grécia possuía deuses curandeiros cujos santuários eram freqüentados. Sábios como Pitágoras e Epimênides de Cnossos, também faziam milagres. Os que operava Apolônios de Tiane, no século I, atraíram a atenção. Contam-se cerca de 20, citados a fim de pôr em relevo a sabedoria de Apolonios. Mesmo se alguns, como o médico Hipócrates (séculos V-IV a.C.), não os admitissem, procurando explicações naturais, as

"Ele cuspiu na terra, fez uma lama com sua saliva, colocou essa lama sobre os olhos do cego, e lhe disse: Vai te lavar na piscina de Siloé (do Enviado). O homem foi lá, lavou-se e, quando regressou, já enxergava." Esse ato tem também uma mensagem simbólica: Jesus cura os homens de toda cegueira do coração e mostra que ele é a luz do mundo.

populações em todos os níveis social e cultural acreditavam em milagres. No contexto judeu, não estavam concebidos como modificações trazidas por Deus no curso normal do mundo. Os milagres mostravam que o mestre da história acompanhava efetivamente os homens e usava sua criação para manifestar sua presença amorosa. Fizera isso particularmente quando escolhera um povo, por ocasião do Êxodo. Esses fatos importantes seriam rememorados nas sinagogas. Seu renascimento era esperado nos tempos do Messias.

"Nas Bodas de Caná, não havia mais vinho. Jesus diz aos empregados para que encham de água os seis barris que serviam para as purificações [...]. Quando o chefe da mesa provou da água tornada vinho, disse ao noivo: 'Primeiro, trazem o vinho bom e, quando os convidados já estão bêbedos, o menos bom. Tu, não, guardaste o vinho bom até agora."

Jo, 2, 1-11.

As potências do mal recuam diante dele

É nesse clima religioso que as narrações dos milagres sobressaem e adquirem todo seu simbolismo. Contava-se que ele havia "tocado" leprosos. Qualquer contato com eles era proibido; eram discriminados, viviam bem distantes dos lugares habitados (de fato, considerava-se como "lepra" muitas doenças de pele). Jesus desafia o contágio e o inibe. Era mais forte que o mal. Devolvia esses excluídos à vida social e à saúde. Havia curado cegos — numerosos, pois a higiene deixava a desejar. Um deles era cego de nascença. Jesus abrira-lhe os olhos, oferecendo aos homens a verdadeira luz. Curara até o filho de um oficial romano à distância. Ressuscitou uma menina, um rapaz e seu amigo Lázaro. Era o vencedor da morte! Milagre e mensagem interligavam-se. O Reino de Deus era ação e as potências do mal recuavam diante dele que anunciava a Boa-Nova.

De onde lhe vem esse poder? De Deus ou de Satanás?

Enquanto alguns rabinos expulsavam os demônios em nome de Deus, ele tinha a audácia de agir por sua própria autoridade. Também, era preciso ter "fé" nele, em sua palavra e em sua missão. "Vai, tua fé te salvou." (Mc 5,34) Mas, quando só encontrava desconfiança, parecia perder seu poder: "Não pôde fazer ali nenhum milagre, a não ser

Diversas vezes, os milagres de Jesus foram comparados aos dos curandeiros da Antiguidade, como Asclépios (à direita). Entre os milagres atribuídos a esse deus grego, gravados sobre as estrelas, citam-se curas instantâneas de cegos e paralíticos. No século III a.C., após uma peste, Roma adotou seu culto. Esculápio tornou-se o deus romano da medicina. À direita, ele está em companhia de sua filha Hígia, deusa da saúde.

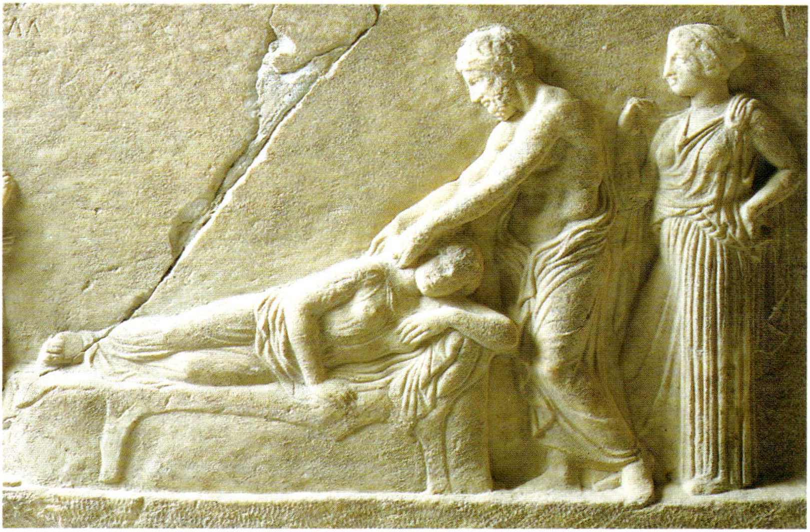

curar alguns doentes, impondo-lhes as mãos." (Mc 6, 5)

A suspeita se eleva de outro modo. Os curandeiros são, às vezes, feiticeiros. Qual é a força oculta que lhes dá poder? As autoridades, surpreendidas, investigam: "Os escribas que vieram de Jerusalém, diziam: 'É em nome do príncipe dos demônios que ele expulsa os demônios!'" Jesus argumenta: "Como Satanás pode expulsar a Satanás?" E reafirma o acontecimento primordial: "Se é pelo dedo de Deus que eu expulso os demônios, então o Reino de Deus já chegou até vós." (Lc. 11, 15-20) De passagem, Ele estigmatiza a cegueira voluntária: "Todos os pecados e blasfêmias serão perdoados aos filhos dos

A novidade audaciosa dos milagres de Jesus reside no sentido que ele lhes dá: são sinais do Reino que surge. Outra inovação: acreditava-se que a doença, associada ao pecado, devia ser suportada com resignação. Jesus recusa essa submissão religiosa da fatalidade: ele exorta a realizar o impossível por amor.

"Maria cai a seus pés e lhe diz: Senhor, se tu estivesses aqui meu irmão não estaria morto [...]. Jesus ordena: Retirem a pedra [...]. Grita em alta voz: Lázaro, sai daí! O morto saiu, pés e mãos atados por faixas [...]. Jesus lhes diz: Tirem-lhe as faixas e deixem-no ir."
Jo, 11, 32-44.

homens, mas quem blasfemar contra o Espírito Santo jamais terá perdão: é culpado de um pecado eterno. E porque diziam: 'Ele está possuído por um espírito impuro.'" (Mc 3, 28-29)

Até mesmo a família de Jesus entra em ação para pôr fim a esses procedimentos que ameaçavam todos os parentes. "Os seus saíram para detê-lo, pois diziam: 'Está fora de si.'" Ocasião própria para Jesus relativizar a família: "Sua mãe e seus irmãos então chegaram. Ficaram do lado de fora e mandaram chamá-lo. Uma multidão estava sentada em torno dele. Disseram-lhe: 'Tua mãe, teus irmãos e tuas irmãs estão lá fora e te procuram.' E ele lhes respondeu: Quem são minha mãe e meus irmãos? E percorrendo com o olhar os que estavam sentados ao redor dele, disse: 'Eis minha mãe e meus irmãos. Aquele que faz a vontade de Deus, esse é meu irmão, minha irmã, minha mãe.'" (Mc 3, 21, 31-35)

O acontecimento maior do passado do povo judeu, celebrado a cada ano por ocasião da Páscoa, era a saída do Egito e a travessia do Mar Vermelho (acima). No imaginário do povo judeu, as evocações épicas do Êxodo alimentavam a esperança de novas intervenções divinas. Na página seguinte, Jesus acalma a tempestade sobre o lago Tiberíades.

Acontecimentos alicerçantes

Os milagres espetaculares — a tempestade acalmada no lago de Tiberíades, a multiplicação dos pães para alimentar milhares de pessoas — são também apresentados pelos Evangelhos. Antes de querer provar sua realidade histórica e seu desenrolar, procura-se, hoje, analisar seu significado e a maneira pela qual os Evangelhos apresentam, através deles, a missão e a pessoa de Jesus.

Esses milagres relembram o período de fundamentação — nos séculos XII e XIII a.C. – quando Deus libertou os hebreus da escravidão no Egito, a fim de conduzi-los em direção à Terra prometida e fazer deles seu Povo. Assim como Moisés ordenou ao Mar Vermelho que ele deixasse passar os hebreus, assim também Jesus impõe calma e silêncio ao mar ameaçador. Da mesma maneira que Deus fez cair o maná para alimentar seu povo no Êxodo, assim

"Tomou cinco pães e dois peixes, elevou os olhos aos céus, abençoando-os [...]. Todos comeram e ficaram saciados."
Mc 6, 41-42

também Jesus sacia a multidão faminta e desprotegida. O mesmo cenário — o deserto — acompanha a ação reiterada de Deus.

Outros personagens, nos anos 40 a 60, tentaram utilizar esse simbolismo, para mobilizar o povo. Teudas, em 46, dizia-se capaz de separar as águas do Jordão. Um outro, egípcio, mencionado pelo historiador judeu Josefo (*Guerra*, 11, 261-263), queria do monte das Oliveiras derrubar os muros de Jerusalém, como fizera outrora Josué com as muralhas de Jericó. Mesma referência para credenciar a origem divina dos empreendimentos.

"Quem é esse a quem até o mar e os ventos obedecem?"

Nenhuma repetição das situações e dos milagres de outrora nos Evangelhos, antes a alusão sutil: um recomeço está prestes a acontecer, tão importante quanto a saída do Egito e a escolha do povo eleito. As ações de Jesus são como um piscar de olhos, como avisos, significando que uma Nova Aliança está a caminho. Aí ainda, a referência ao passado é livremente utilizada para criar um clima de futuro novo. Contudo, a atenção desloca-se para a pessoa mesma de Jesus: "Quem é esse a quem até o mar e os ventos obedecem?" (Mt 8, 27)

Os Evangelhos — é preciso constatar — apresentam poucos desses milagres espetaculares relacionados às "maravilhas de Deus" realizados durante o Êxodo. Jesus usa seu poder para ajudar aos pobres e pequeninos, os sem-nome: cegos, coxos, leprosos... Sua preferência indica que o Reino que ele anuncia não trilhará os caminhos dos triunfos temporais. Jesus recusará dar "sinais"

para satisfazer os que esperavam um Messias de poder. Dirá, um dia, entrevendo seu mergulho na morte: "Geração má e adúltera que busca um sinal! Mas não lhe será dado outro sinal a não ser o do profeta Jonas: assim como Jonas esteve três dias e três noites no ventre da baleia, assim também, o Filho

do Homem estará no seio da terra, três dias e três noites..." (Mt 12, 39-40)

O Livro de Jonas, na Bíblia, procura mostrar que Deus quer salvar todos os homens, neles compreendidos os pagãos. Jonas, herói fictício criado pelo autor bíblico, é um profeta que foge de barco em vez de ir pregar a conversão aos habitantes de Nínive, inimigos de Israel. A tempestade desaba violenta e Jonas confessa sua desobediência. Os marinheiros jogam-no ao mar, que logo se acalma. Um peixe enorme engole Jonas e o vomitará três dias depois nas margens. Jonas, então, parte para converter os ninivitas. Jesus usa essa passagem do Antigo Testamento com humor, para responder a seus adversários que lhe pedem sinais de sua missão divina. Ao mesmo tempo, anuncia sua morte e sua ressurreição, e seu desejo de oferecer a salvação a todos.

"Desencadeou-se uma grande tempestade, a ponto de as ondas lançarem-se contra a barca. E ele, na popa, dormia sobre uma almofada."

Mc 4, 37-38

Fariseus, saduceus, essênios... Todos os "partidos religiosos" têm seu modo próprio de encarar a Lei. Ela contamina a existência de Israel. Impossível não encontrá-la. Jesus é observado. Mas ele não se adapta a nenhum clã: nem conservador, nem liberal. Ele denuncia com veemência a soberania da Lei que ofusca o espírito e lhe dá como único princípio de interpretação o amor sem limites que inclui — novidade absoluta — o amor até mesmo aos inimigos.

CAPÍTULO QUINTO

DO AMOR À LEI À LEI DO AMOR

"Não penseis que vim abolir a Lei e os Profetas: não vim abolir mas completar. [...] Eu vos digo: Se vossa justiça não superar a dos escribas e dos fariseus, não entrareis no Reino dos Céus."
Mt 5, 17-20

Traduzir o vocábulo hebreu *Torah* por Lei, empobrece particularmente seu sentido que é o de revelação, instrução. Para os judeus fiéis, a Tora contém os segredos de vida que Deus entregou a seu povo. Por intermédio das prescrições morais, sociais, rituais, ela comunica a vontade benevolente de Deus que guia e orienta. O conjunto dos cinco primeiros Livros da Bíblia é chamado de Tora; bem longe de ser um código jurídico, eles propõem viver a "aliança" com Deus.

Israel considerava a Lei como uma dádiva infinitamente preciosa com a qual Deus lhe havia presenteado.

A Lei: um dom de Deus que une e divide

Todos os aspectos da vida coletiva e individual são inervados pela Lei. Segundo o Êxodo e o Deuteronômio — dois dos Livros da Tora — Moisés recebeu-a do próprio Deus. A partir dos profetas, sábios e eruditos, reafirmaram-se sem cessar suas exigências. Exatamente aí, começam as divergências. Face a problemas novos, como viver segundo a Lei? Qual o primeiro dos mandamentos? Onde se encontra o essencial? As diferentes correntes da sociedade

Na sinagoga, os rolos do Pentateuco — os cinco primeiros Livros da Bíblia (Gênesis, Êxodo, Levítico, Números e Deuteronômio) — são conservados na Arca Sagrada (ao lado).

judaica, igualmente fascinadas pela Lei, dividem-se em relação a ela.

Os saduceus só admitem a Lei escrita, aquela que se encontra nas Escrituras Sagradas.

Os essênios praticam-na segundo as decisões do organizador da seita, o Mestre de Justiça, com um rigorismo que ultrapassa o dos fariseus.

A mais antiga representação da estrela de seis pontas, chamada Estrela de Davi, encontra-se sobre um capitel da sinagoga de Cafarnaum (século IV).

Como todos os livros na Antigüidade, os escritos bíblicos, em papiro ou pergaminho, apresentavam-se em forma de rolos. O texto era escrito em colunas; para desenrolá-lo, mexiam-se os bastões, a fim de encontrar a passagem procurada. Os rolos eram guardados em jarros ou cofres. Escrevia-se com um cálamo (haste de bambu apropriada) e a tinta era feita da fuligem produzida pela queima de resinas misturada a uma solução de goma. Os livros formados por folhas colocadas umas sobre as outras, conforme uso que perdura até hoje, surgirão no século II de nossa era.

Os fariseus acrescentam à lei escrita um conjunto de tradições e de interpretações, uma espécie de "jurisprudência" que permite aplicar à Lei circunstâncias novas: esta "Lei oral", como será chamada em fins do primeiro século de nossa era, é rejeitada pelos saduceus.

Os fariseus — aproximadamente 6.000 em Israel — querem mostrar ao povo pobre o caminho da santidade. Provenientes da classe média, procuram adaptar a Lei para que ela seja aplicável.

Quando o Templo e os saduceus desapareceram, após a destruição de Jerusalém em 70, os fariseus guardaram seu lugar no seio do povo judeu; foi graças a sua vida intelectual, a seu papel nas sinagogas, a seu amor à Lei que o judaísmo atravessou os séculos, ao passo que a liturgia do Templo distanciou-se para sempre.

A questão do sábado

Entretanto, a memória cristã não apresenta a atitude de Jesus face à Lei como uma visão simplista nem tampouco simples. Jesus não deve ser alinhado nem ao lado dos saduceus conservadores nem ao lado dos fariseus com tendências de adaptação variadas. Ele não rejeita a Lei, porém não é obcecado por ela. Parece que tem um ponto de vista diferente, além da pura observância do mandamento. Exemplo: o sábado.

Jesus não é o único a relativizar o sábado. Alguns rabinos declaravam também: "O sábado fica em vossas mãos, não sois vós que estais em mãos do sábado." Porém, Jesus chega a tirar-lhe o fundamento: "Meu Pai trabalha sempre."

Não se conhece exatamente a origem do sábado. Primeiramente, era uma festa, mas, ao mesmo tempo, um dia consagrado a Deus. Durante o exílio na Babilônia, distantes do Templo de Jerusalém e do culto, os judeus guardaram-no cada vez mais como um dia sagrado. No tempo de Jesus, o repouso do sábado era observado com detalhes: não era permitido escrever, fazer transportes nem viajar. Os deslocamentos não deviam ultrapassar 2.000 côvados, aproximadamente, um quilômetro: era o "caminho sabático". Não era permitido socorrer um homem a não ser em caso de perigo de morte.

Jesus interroga aqueles que se perguntam se Ele vai curar o homem da mão ressequida: "Tem-se o direito, no dia de sábado, de fazer o bem ou de fazer o mal? De salvar a vida ou de matar? E eles se calam." (Lc 14, 3) Eles se calam porque só tinham uma resposta possível: que o sábado foi feito para o homem, e não o contrário, como Jesus afirmava também para a sociedade judaica.

Os rabinos determinavam a suspensão do descanso sabático em caso de perigo de morte, guerra ou urgência médica. O respeito ao dia sagrado era rigoroso: nenhum trabalho, nenhuma viagem, nenhuma atividade, salvo a de extrema urgência.

Jesus permite a seus discípulos colher espigas de trigo. Por quê? A célebre frase cai absoluta: "O sábado foi feito para o homem e não o homem para o sábado." (Mc 9, 27-28) Ele vai curar o homem da mão ressequida em plena sinagoga, enquanto está sendo observado. Acredita-se que ele queira provocar aqueles que o respeitam, e que o sábado é para ele o símbolo de uma religião ritualista, fundamentada sobre os atos exteriores.

Jesus parece estar próximo aos rabinos liberais. Contudo, a originalidade de seu posicionamento é radical. Aqueles enumeram as circunstâncias que permitem dispensar o repouso do sábado. Em Jesus, nenhuma casuística, nenhum exame detalhado das condições da dispensa, para ele, o amor é a primeira e única verdade através da qual os homens terão de decidir livremente, sem que sua conduta lhes seja limitada, indefinidamente.

"Quem é meu próximo?" Esta pergunta era muito discutida nas escolas rabínicas da época. Um escriba a fez a Jesus, que respondeu por meio de uma parábola: "Um homem descia de Jerusalém a Jericó..." Foi atacado por ladrões que o deixaram semimorto. Um sacerdote e um levita passaram "a uma boa distância" dele. Porém, um samaritano, vendo-o, chegou-se a ele, socorreu-o e o conduziu a uma pousada, pagando toda a despesa. "Qual deles mostrou ser seu próximo?", concluiu Jesus, devolvendo a pergunta. Não se trata mais de saber quem é o próximo, porém, de ser o próximo do outro.

Jesus não quer suprimir o sábado. Ele demonstra que o sábado não é uma verdade absoluta por ter uma finalidade que o engloba: servir à vida, salvar o homem. Jesus não elimina a Lei, ele a situa sob uma nova luz: a do amor, da misericórdia, da justiça.

Mais fundamental do que a Lei: o amor

As prescrições rituais não são abandonadas; porém, "se apresentares tua oferta no altar e aí te lembrares que teu irmão tem algo contra ti, deixa tua oferta diante do altar, vai primeiro reconciliar-te com teu irmão, depois, volta para apresentar tua oferta." (Mt 5, 23-24)

O problema com o irmão não exclui o rito, mas é o preâmbulo indispensável para o bom andamento ritual. Da mesma maneira, não é "o exterior do homem que o torna impuro, mas sim o que sai do homem." (Mc 7, 15) A proibição de certos alimentos não deve fazer com que se esqueça a importância prioritária do relacionamento com os outros. Do cumprimento das coisas exteriores, socialmente verificável, dos ritos e das prescrições, passa-se para o primado do amor, para a atenção para com o próximo, para o olhar em direção ao interior do homem e as intenções do coração.

No Templo, o candelabro de sete braços ficava permanentemente aceso. Encontra-se, com freqüência, este símbolo de fé e de esperança judaica nas sinagogas, sobre os sarcófagos e sobre as lápides dos túmulos.

Quando um escriba lhe propõe a clássica pergunta sobre o "primeiro" dos mandamentos, Jesus enuncia dois deles: o amor a Deus e o amor ao próximo que lhe é "semelhante". Ele os funde. Porém, sua originalidade consiste em acrescentar: "A estes dois mandamentos, toda a Lei e os Profetas estão subordinados." (Mt 22, 36-40) Portanto, a Lei não é mais a verdade absoluta pelo simples fato de ser ela a Lei.

Ir às raízes para encontrar o espírito

O aprimoramento da consciência pessoal será estimulado de maneira vertiginosa. "Vós ouvistes o que foi dito aos antigos: tu não matarás; aquele que matar será passível de julgamento. Porém, Eu

As prescrições que obrigavam a jogar fora os utensílios de barro não se referiam da mesma maneira aos de pedra, por não serem susceptíveis à sujeira. Foram encontrados, nas casas abastadas de Jerusalém, mesas e utensílios de pedra.

vos digo: quem se irritar contra seu irmão será passível de julgamento." (Mt 5, 21-22) Jesus radicaliza os mandamentos. Basta olhar uma mulher com desejo para cometer adultério. O juramento mentiroso estava estigmatizado: Jesus ordena não jurar em hipótese alguma. Todavia, tal gama de preceitos já eram praticados por certos grupos. Fariseus, essênios e seguidores de João Batista dedicavam-se a fixar de maneira cada vez mais meticulosa essas prescrições. A multiplicação desses preceitos, impossíveis de serem cumpridos em sua totalidade, provocava, em alguns judeus praticantes, admiração diante desta Lei que ultrapassava as possibilidades humanas. Além disso, esse conjunto de mandamentos — às centenas — podia também ocultar a inspiração profunda da Lei, dar-lhe autoridade pelo simples fato de ser ela "a Lei", envolver o homem na procura de uma observação formalista de diversos preceitos. A capacidade do "justo" estava no cerne dessa visão e dessa prática: encerrado em sua pureza, ele não estava mais disponível a Deus que ama e convida a amar.

De fato, Jesus aboliu certos pontos da Lei. Ele rejeita o juramento previsto em uma passagem do Livro dos Números, rejeita também a questão de repúdio que o Deuteronômio considerava em certos casos. Jesus tem a pretensão de dizer: "Eu vos digo." Não há mais necessidade de consultar os doutores da Lei. Os pobres terão o amor como guia. Jesus fala como se dispusesse da autoridade do Legislador, do próprio Deus.

O flagrante delito de adultério permite aos inimigos de Jesus armar-lhe uma cilada: "Moisés nos ordenou lapidar essas mulheres. E tu, o que dizes?" Se Jesus consentisse na execução, em que se tornaria seu anúncio da misericórdia? E se ele não consentisse, opor-se-ia à Lei. Então, tem a coragem de dizer: "Aquele que não tem pecado, atire-lhe a primeira pedra", obrigando seus acusadores a olharem para suas consciências.

Perdoar até setenta e sete vezes sete

"Os fariseus e os doutores da Lei rejeitaram os desígnios de Deus."
Lc 7, 30

O Reino de Deus chegou, revirando o passado e pondo-se à disposição de todo o "povo". O chamado ao amor é incondicional. É necessário perdoar até setenta e sete vezes sete! Jesus acrescenta essas

"Zaqueu, apressa-te, desce daí, pois, hoje, é preciso que eu fique em tua casa."

Lc 19, 5

A cena se passa em Jericó, onde Zaqueu é chefe dos publicanos — judeus que recolhiam os impostos para os romanos, desprezados por seus correligionários

e considerados impuros. Zaqueu veio, juntamente com a multidão, ver passar este profeta do qual todos falam. Como é de pequena estatura, instalou-se sobre um sicômoro, a fim de nada perder da cena. Jesus o percebe, olha para ele, e sem fazer a menor distinção, com um gesto de convite, chama-o. Àqueles que murmuraram, responde: "O Filho do Homem veio procurar e salvar o que estava perdido." (Lc 9, 10)

palavras espantosas que exprimem a originalidade mais radical de sua mensagem: "Eu vos digo: amai vossos inimigos, a fim de que vos torneis filhos de vosso Pai que está nos céus, pois ele faz com que o sol se levante sobre os bons e os maus. Sede, pois, perfeitos, como vosso Pai celeste é perfeito." (Mt 5, 44-48)

Jamais alguém em Israel havia sugerido o amor aos inimigos. Jesus leva o amor a seu extremo para viver como o Pai. O Reino por ele anunciado não é o da moral codificada, mas o da união viva com Deus. Ele é a luz, em cada consciência e em todo o povo, do amor incondicional que vive no próprio Deus. O chamado à não-violência, à fraternidade universal, à generosidade sem cálculo e sem medida, tem nele sua fonte inesgotável. "A que comparar o Reino de Deus? Ele é como um grão de mostarda; que, ao ser semeado na terra, é a menor de todas as sementes, mas uma vez semeado, cresce, transforma-se na maior de todas as hortaliças e estende de tal forma seus ramos que as aves do céu podem abrigar-se à sua sombra." (Mc 4, 30-32)

Um dia, levará mais longe ainda a comparação: "Se o grão não morrer, não dará frutos, mas se ele morrer dará muitos frutos." (Jo 12, 24)

Pressentimento do caminho de sofrimento e de morte? Com toda certeza, o anúncio do Reino de Deus leva a revisões radicais. Mas vale a pena realmente refletir sobre sua novidade, como quem faz o inventário de sua vida, liqüidando seus bens para comprar a pérola rara ou o campo onde o tesouro está enterrado. (Mt 13, 44-46)

Sem dúvida porque o confronto com os fariseus se tornara perigoso, Jesus deixa Israel. Pela primeira vez, está em um país pagão, na região de Sidônia e de Tiro. Uma mulher estrangeira vem em sua direção implorando-lhe a cura da filha. Jesus fica impassível. A mulher insiste. Ele a repele: "Não fui enviado senão às ovelhas perdidas de Israel." Ela se prostra diante dele, e ele a repele uma vez mais, dizendo-lhe que não é justo dar "o pão dos filhos aos cachorros" (assim eram chamados os pagãos). "São, justamente, os cachorros que comem as migalhas que caem da mesa de seus donos", diz-lhe ela. Como se esta mulher, por ele repelida, acabasse de lhe abrir os olhos para a extensão universal de sua missão, Jesus se entusiasma e "a filha ficou curada imediatamente". (Mt 15, 21-28)

O desenlace é ameaçador. O próprio Jesus anunciara que seria entregue, condenado à morte, morto. No cimo de uma "alta montanha da Galiléia", seus discípulos viram-no um dia resplandecente de luz divina; entretanto, uma voz vinda do céu anunciava-lhe o sofrimento e a morte. Deus torna-se desconcertante: ele não corresponde mais à imagem transmitida de geração a geração. Jesus, diante da iminência de ser preso, oferece sua vida durante sua última refeição.

CAPÍTULO SEXTO

JERUSALÉM, A CIDADE QUE MATA OS PROFETAS

"Ele tomou o pão, benzeu-o, partiu-o; deu a seus discípulos, dizendo: 'Tomai, isto é meu corpo.' Tomou o cálice, deu graças e entregou-lhes. Todos beberam dele. E ele lhes disse: 'Isto é meu sangue, o sangue da Nova Aliança, que será derramado por muitos.'"

Mc 14, 22-24

O aviso da procura está lançado. A Páscoa está próxima. Ele virá à festa. Sem dúvida, já deve estar na região. A população foi alertada para cercar o homem. "Os sumos sacerdotes e os fariseus tinham dado ordem para que, se alguém soubesse onde ele estava, o denunciasse, a fim de prenderem-no." (Jo 11, 57). Os Evangelhos chamados "sinóticos", por possuírem a possibilidade de comparação entre seus textos — Mateus, Marcos e Lucas —, procedem a uma apresentação bastante simples do percurso geográfico de Jesus: após ter marcado com sua presença a Galiléia e algumas regiões circunvizinhas, sobe a Jerusalém — a cidade "que mata os profetas" (Lc 13, 34) — para ali morrer. O Evangelho de João fala de cinco passagens de Jesus pela Cidade Santa.

Que ele tenha fascinado o povo oprimido da região norte, sempre agitada; que tenha lá conhecido o fervor popular, a "primavera Galiléia", que tenha recrutado discípulos e que alguns o tenham seguido, é admissível.

"Quando vossos filhos vos perguntarem: 'Que significa este rito?' Responder-lhes-eis: 'É o sacrifício da Páscoa em honra do Senhor que, ferindo o Egito, poupou as casas dos filhos de Israel cujas vergas das portas estavam marcadas com o sangue do cordeiro imolado, salvando suas famílias.'"

Ex 12, 26-27

Contudo, em Jerusalém não será tolerado. Além disso, ele não confia, jamais passou uma noite na cidade. É visto no Templo, porém, ali jamais oferece um sacrifício: dir-se-ia que só freqüenta o lugar santo para encontrar a multidão que ali aflui. À noite, retira-se para alguma aldeia discreta ou para um jardim. Por ocasião da última viagem, a atmosfera está pesada.

Parodoxo: o Messias deve morrer

Ele mesmo, no caminho, anunciara a seus companheiros mais próximos que subia à cidade para lá sofrer os ultrajes e a morte, antes de "ressuscitar".

Com freqüência, Jerusalém aparece situada a céu aberto sobre o planalto a 700m de altitude aproximadamente, para além do vale do Cedron. Parece incrustada em suas muralhas ocres, destruídas ao longo dos séculos. No século I, o Templo dominava, em direção ao sul. Entre o curso do Cedron e o topo do edifício sagrado, o desnível era de 198m. Do monte das Oliveiras, viam-se os pórticos, os átrios e o próprio Templo, com seu frontão alto de 30m cuja superfície (275m^2) era revestida de ouro.

No Sinai, Deus se revelou: falou com Moisés, entregou-lhe o Decálogo, fez a aliança com Israel. Foi lá também, que, segundo a tradição sacerdotal na origem de certos livros da Bíblia, foram formuladas as leis rituais.

(Mt 16,21) Levou Pedro, Tiago e João a uma colina. Lá, os três tiveram uma visão: Jesus transfigurou-se — literalmente: transformou-se, suas vestes tornaram-se de um branco ofuscante... Viram o profeta Elias e Moisés falando com ele. Havia "uma nuvem cobrindo-os." (Mt 17,18) Trata-se do acompanhamento tradicional das teofanias, das manifestações divinas: brancura ofuscante, nuvem... Moisés e Elias foram os homens da primeira Aliança e, agora, da Aliança reafirmada. Elias era esperado para inaugurar os últimos tempos. Pedro, Tiago e João assistem a uma cena de investidura onde se entrelaçam o mundo humano e o mundo divino. A voz de Deus ressoa: "Este é meu Filho muito amado, escutai-o." (Mt 17, 5) Esta mesma voz já havia sido ouvida quando do batismo, pronunciando as mesmas palavras. É uma citação dos cânticos do Servo, do Livro de Isaías, onde o enviado de Deus é uma personificação da dor e do abandono e que abre o futuro dos homens, doando sua vida. Um Messias sofredor. Que contradição! Quando Pedro proclama: "Tu és o Cristo, o Filho do Deus vivo" (Mt 16, 16), ele pensa ainda no Messias triunfante. No momento em que quer desviar Jesus do caminho perigoso,

"Jesus tomou consigo Pedro, Tiago e João, seu irmão, e levou-os, em particular, a um alto monte. Transfigurou-se diante deles: seu rosto resplandeceu como o sol, e suas vestes tornaram-se brancas como a luz. E eis que apareceram Moisés e Elias a conversar com Ele."

Mt 17, 1-3

Os Evangelhos não determinam com precisão o lugar da Transfiguração. Desde o século IV a tradição cristã a situa no monte Tabor, uma colina que domina com seus 588m a planície de Yizréel. Foi lá que as tribos de Israel venceram os cananeus, quando da entrada na Terra prometida (séculos XII-XI a.C.). O monte Tabor tornou-se o símbolo da vitória de Deus sobre os pagãos. Sua posição estratégica na Galiléia, entre o mar Mediterrâneo e o lago de Tiberíades, faz dele um campo de batalhas: os romanos lá venceram os judeus revoltados em 67.

dá oportunidade à réplica severa: "Afasta-te, Satanás! Tu és para mim um escândalo, pois não te direcionas para Deus, mas para os homens." (Mt 16, 23)

Quem é o Deus de Jesus?

O profeta da Galiléia não dá definições. Ele conta histórias: "Um homem tinha dois filhos..." (Lc 15, 11) Age em nome de Deus, indo ao encontro dos pecadores, de todos os excluídos. É na ação mencionada ou vivida que Jesus mostra Deus operando. Se ele tivesse anunciado a bondade e a misericórdia divinas somente através de palavras, teria recebido a unanimidade. Porém, ele envolvia o "Pai" em uma prática social que derrubava barreiras, abalava tradições e autoridades, dinamizava "o povo". Um Deus subversivo. É neste povo simples que não observa ao pé da letra o código de pureza e que não pagava sempre o dízimo que Jesus escolhe aqueles que serão seus apóstolos, seus enviados. Ele se dirige aos doentes. Olha com benevolência os samaritanos, odiados pelos judeus, por serem de sangue mestiço desde a invasão assíria do século VIII a.C., e por terem edificado um templo sobre o monte Garizim, rival do de Jerusalém.

"Cansado, Jesus senta-se perto do poço." Pede à samaritana que vem apanhar água um pouco para beber. Ela se espanta, pois os judeus evitavam os samaritanos. Além disso, uma mulher tornava impura a moringa que levava, se estivesse menstruada.

Outra novidade inquietante para a época: a atitude de Jesus tão aberta em relação às mulheres. Elas ficavam separadas dos homens no Templo e na sinagoga. Receava-se contrair, em contato com elas, a impureza que acompanhava a menstruação e o parto. Não podiam pedir divórcio. Jesus fala com elas, algumas fazem até parte do grupo que o acompanha. Ele se deixa tocar por elas. Não se preocupa com a pureza legal. No debate sobre o repúdio, protesta contra as facilidades permitidas aos maridos. No Reino de Deus, as prostitutas recebem certa prioridade.

Deste Reino que parecia a muitos estar ligado ao conhecimento e à prática rigorosa da Lei, à observância meticulosa das regras de pureza, à celebração perfeita do culto do Templo, Jesus vê também a imagem e o esforço num segmento da população jamais imaginado por alguém: as crianças! Elas que não conhecem absolutamente a Tora, Jesus faz delas o modelo. Que relativização das instituições sagradas!

O Deus do qual Jesus inaugurava o Reino era

surpreendente. Amava até os limites do desatino. Como parecia distante do Deus legalista de muitos. O amigo das crianças, chegavam ao extremo de chamá-lo "Abba" (Mc 14, 36), isto é, "Papai", em aramaico. A oração judaica mencionava a palavra "pai", porém,

Jesus gostava de visitar Marta, Maria e o irmão delas, Lázaro. Um dia, enquanto "Maria escutava suas palavras, Marta disse: 'Senhor, tu não te incomodas ao ver que minha irmã me deixa sozinha, fazendo o serviço da casa? Dize-lhe para me ajudar.' O senhor lhe respondeu: 'Marta, Marta, tu te inquietas e te agitas por tão pouco. Uma única coisa é necessária. Maria escolheu a melhor parte, e essa não lhe será tirada.'" (Lc 10, 39-42)

ninguém jamais ousou esse chamado familiar que os discípulos de Jesus escutaram. Decididamente, tudo estava abalado, até mesmo o modo de encarar a Deus, suas exigências e sua ação. Nesta revisão radical e em suas conseqüências, residia a verdadeira "blasfêmia" com a qual o sumo sacerdote escandalizar-se-á.

Quando Jesus percebeu que ia morrer?

Em que momento ele começou a perceber o fracasso, a rejeição, o inevitável desfecho mortal? Impossível responder a essa pergunta. Os Evangelhos quiseram mostrar que o processo e a execução de Jesus estavam de acordo com as Escrituras Sagradas e que ele era, por conseguinte, o Enviado e o Messias de Deus. Não se preocuparam com as etapas interiores que possam ter direcionado a marcha. Querem fazer compreender,

alimentar a fé, mostrar em Jesus aquele que cumpre o melhor do passado e inaugura o futuro por vias paradoxais e indefinidamente fecundas: a doação de si sem limites, o perdão que tira da violência o veneno, a aceitação da morte na entrega de si mesmo ao Deus que se cala.

Quando chega diante das muralhas da cidade milenar, Jesus pressente que não escapará a seus inimigos. As ciladas tornam-se cada vez mais perigosas. Uma delas é uma verdadeira tenaz. A fim de comprometê-lo aos olhos dos romanos, fazem-lhe a pergunta já discutida pelos rabinos: "É necessário

O denário de prata era a unidade monetária romana. Era usado para pagar impostos e representava o salário diário de um operário. A peça levava, em latim, em torno da imagem de Tibério, coroada de louros, a inscrição: "Tibério, César Augusto, filho do divino Augusto." No reverso, podia-se ler em torno de uma figura simbólica: "Soberano Pontífice." Os judeus pagavam impostos religiosos (dízimo, imposto do Templo). Estavam obrigados também ao regime fiscal estabelecido pelos romanos: impostos indiretos relativos à circulação de mercadorias; imposto direto referente ao solo (imposto predial ou rural) e referente à fortuna (imposto pessoal — imposto de renda). Foi relativo ao imposto pessoal que a pergunta-armadilha foi feita a Jesus.

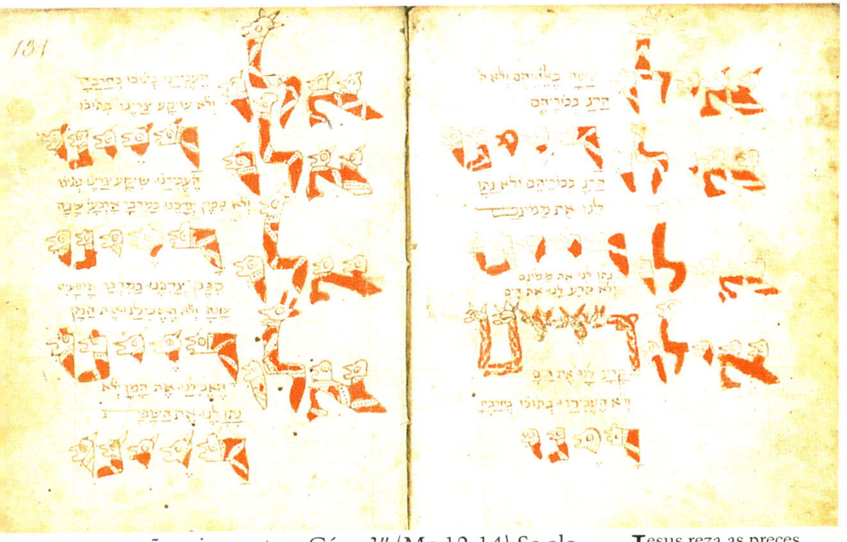

pagar ou não o imposto a César?" (Mc 12,14) Se ele respondesse afirmativamente, seria considerado um "colaborador" e estaria desacreditado. Se respondesse negativamente, os romanos o prenderiam. Golpe de gênio: Jesus pede que lhe mostrem um denário (antiga moeda de prata dos romanos) com o qual o imposto era quitado, "para que Eu veja". (Mc 12,15) Seus acusadores apresentam-lhe a moeda pagã. Eles, os "puros", tinham nas mãos a moeda representativa do imperador cuja inscrição — "ao divino César" — era idólatra. Que horror para os judeus que não admitiam de forma alguma "a imagem esculpida" de seu Deus! A réplica é decisiva: "Dai a César o que é de César e a Deus o que é de Deus." (Mc 12, 17) É Ele que os acusa da parte do Deus único! A cilada foi desfeita. Entretanto, as pressões se sucedem. Na realidade, a decisão está tomada. Espera-se somente a ocasião.

Jesus reza as preces judaicas, mas quando seus discípulos lhe pedem para ensiná-los a rezar, ele lhes diz simplesmente: "Fecha tua porta e reza a teu Pai em segredo [...]. Não repete inutilmente, pois teu Pai sabe do que tens necessidade. Rezarás assim: 'Pai Nosso, que estais nos céus, santificado seja vosso nome, venha a nós o vosso Reino, seja feita vossa vontade assim na terra como no céu. O pão nosso de cada dia nos dai hoje. Perdoai-nos as nossas ofensas, assim como nós perdoamos aqueles que nos têm ofendido e não nos deixeis cair em tentação, mas livrai-nos do mal.'" (Mt 6, 6-13)

A morte de Jesus é seguida de fatos estranhos: seus discípulos, que o acontecimento havia aterrorizado e dispersado, afirmam que ele está vivo, ressuscitado dentre os mortos, elevado à glória de Deus. Para eles, a prova de que ele era exatamente aquele designado pelas expressões de significado cada vez mais forte e crescente: Filho de Deus, Filho do Homem, o Senhor. Para ele que subverteu todas as idéias sobre a divindade para revelar o mais humano dos deuses, vão, de pronto, convergir preces e celebrações.

CAPÍTULO SÉTIMO

O COMEÇO DE UMA LONGA HISTÓRIA

"Se o grão de trigo que cai na terra não morre, ele fica só. Mas, se morrer, produzirá trigo em abundância [...]. Quando eu for elevado da terra, atrairei todos os homens a mim."
Jo 12, 24-32

O caso Jesus poderia ter acabado com sua morte. Ela não teria deixado nenhum rastro na história. Nada havia sido escrito. Restavam discípulos amedrontados. Seu líder, Pedro, o havia negado. Somente algumas mulheres permaneceram junto à cruz, até sua morte. Sua morte parecia assinalar um fracasso. Deus deixara morrer nas mãos dos ímpios seu Enviado? Uma farsa. Uma vez mais, o povo fora vítima de miragens sobre a espera messiânica. Restava reunir as barcas nas margens do lago ou reabrir as bancas dos impostos para retomar a vida de antigamente.

Mas eis que aqueles homens afirmam que Jesus ressuscitou, que ele está vivo, que eles o "viram".

"Quem removerá a pedra?" Caminhando juntas em direção ao túmulo de Jesus, Maria Madalena, Maria, mãe de Tiago, e Salomé se perguntavam. Os túmulos eram lacrados com uma pedra bem pesada, no mais das vezes, em forma de mó, pedra de moinho (à esquerda). Alguns eram escavados na rocha (à direita).

Sobre Jesus ressuscitado, os textos divergem, mas testemunham uma só convicção

Nenhum exagero, nenhuma exaltação, nenhum fulgor do imaginário nas narrações que falam do medo dos apóstolos e das dúvidas existentes em alguns deles. Nenhuma descrição da ressurreição. Os textos dos quatro Evangelhos não escondem suas divergências. A leitura dos "sinóticos" não é mais possível, por não ter sido tentado um consenso. Primitivamente, o Evangelho de Marcos terminava bruscamente pela menção do pavor das mulheres ao receber de um anjo o anúncio da ressurreição, diante do túmulo vazio. Contudo, uma experiência comum é sobriamente proclamada através de tradições diversas: uns e outros encontram Jesus.

Nada a ver com a linguagem encantatória dos Apocalipses encontrada em alguns Evangelhos apócrifos: Jesus traz ainda em seu corpo sacrificado traços dos ferimentos e do golpe da lança em seu lado. Entretanto, não se trata de um cadáver reanimado, trata-se de uma pessoa viva que surge dentro de um cômodo trancado ou à beira do lago de Tiberíades.

Os discípulos desenterram textos bíblicos que anunciam a morte de Jesus e sua ressurreição

Qual é a participação nas visões e aparições, qual é a participação dos redatores dessas passagens ricas em alusões e em símbolos significativos? É muito difícil dar respostas precisas

a essas perguntas. Para os discípulos que vão passar do abatimento ao testemunho, Deus ressuscitou Jesus. Não houve fracasso ou abandono de Deus. O suplício infamante não foi a prova de que Jesus era um impostor.

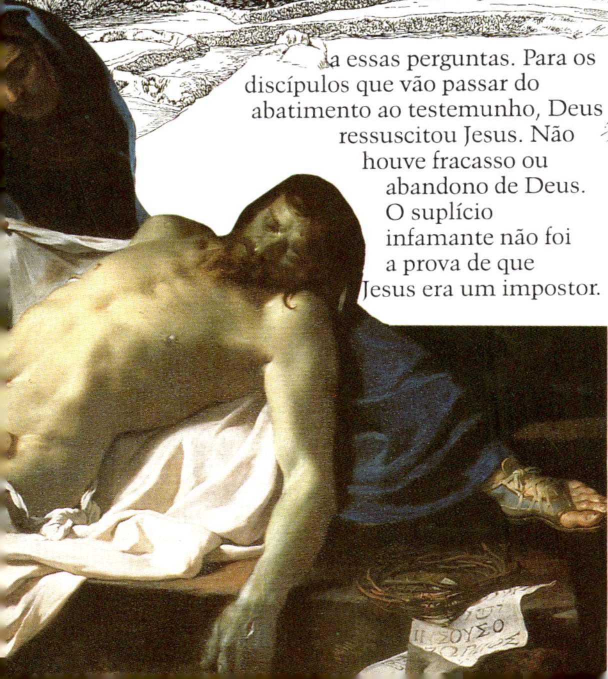

A se acreditar em Mateus (Mt 26, 56), todos os discípulos abandonaram Jesus e fugiram no momento de sua prisão. Pedro, na noite do processo, negou três vezes seu Mestre. Os Evangelhos não mencionam a presença dos discípulos, a não ser de João, no momento da morte. Somente Maria e algumas amigas permaneceram fiéis.

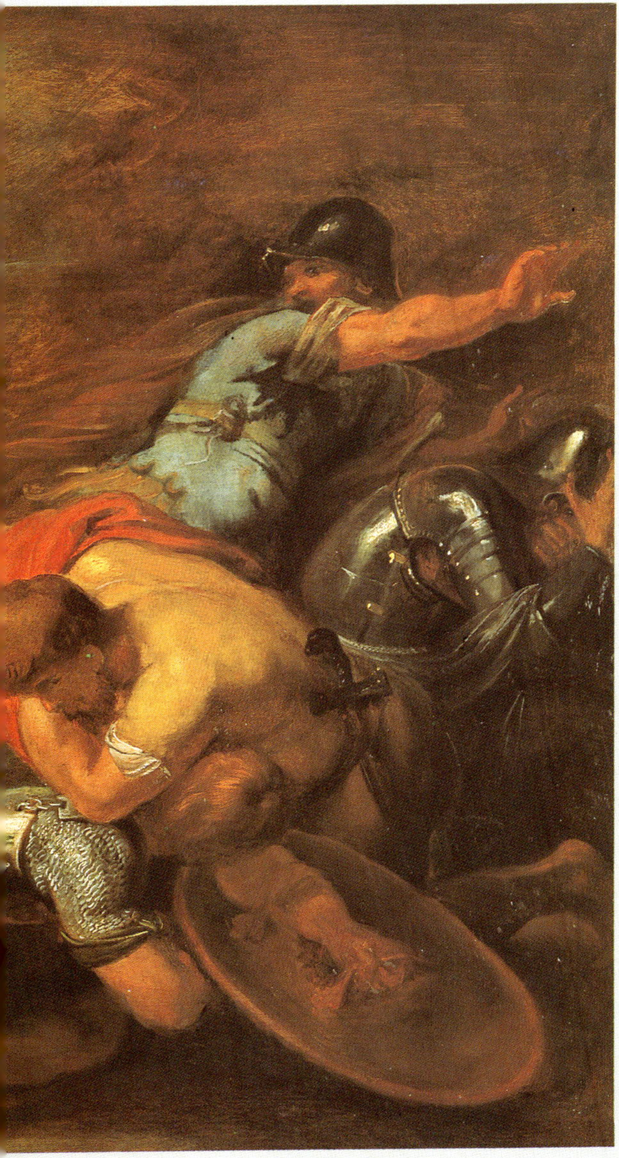

A longa vida de uma ressurreição

Foi a partir do século XI, no Ocidente, que os artistas passaram a representar Jesus ressuscitando, talvez sob a influência dos Mistérios da Idade Média. Durante o primeiro milênio, evocavam-no através de símbolos tomados da arte pagã ou de figuras bíblicas, ou, então, apresentando as testemunhas da ressurreição, o anjo ou as mulheres. Progressivamente, do século XII ao século XVI, o tema evolui: Jesus é representado levantando-se do sarcófago; depois, pousando um pé sobre a borda; em seguida, ultrapassando-a; pondo-se de pé adiante e planando acima. Tem sempre na mão a cruz — estandarte da vitória. Os teólogos da Contra-Reforma vão intervir e assinalar que o túmulo estava fechado, quando Jesus ressuscitou. Desde então, a representação da Ressurreição tornar-se-á rara. Imediatamente, como no século I, só serão representadas a morte de Jesus e as aparições do Ressuscitado. *A Ressurreição do Cristo*, ao lado, por Rubens (século XVII); na página anterior, à esquerda, por Piero Della Francesca (século XV), à direita, por Mattias Grünewald (séculos XV e XVI).

Um prodigioso trabalho começava nas consciências dos discípulos para superar o absurdo aparente entre a missão divina de Jesus e sua morte ignominiosa. Nas Escrituras, particularmente, nos Cânticos do Servo Sofredor (Is 42, 1-7; 49, 1-7; 50, 1-7; 52, 13; 53, 12), em certos Salmos (Sl 22), na figura patética do profeta Jeremias que também sofreu, a fim de que sua mensagem fecundasse o futuro de seu povo, será encontrada a profecia, apenas velada, do que Jesus iria sofrer. Logo, não havia contradição. A Palavra de Deus

"Corriam os dois juntos. O outro discípulo correu na frente, mais rápido do que Pedro e chegou primeiro ao túmulo."
Jo 20, 3-4

se cumprira na Paixão e Morte de Jesus. Ele era, sim, o Enviado e Deus mostrava o sinal.

Ao passo que a crença na ressurreição dos mortos aparece tardiamente na história do povo judeu — em torno do século II — e é ainda assunto de controvérsias entre saduceus e fariseus, nos textos cristãos do Novo Testamento, ela é uma crença central, mesmo defrontando-se com a dúvida.

Naturalmente, as exortações serão recolhidas nos escritos antigos como, por exemplo, nos oráculos do

A multiplicação dos pães e dos peixes é lembrada em um mosaico da igreja de Tabgha (século V).

Desde o começo, Jesus escolheu seus companheiros mais próximos. Eles foram testemunhas, desde cedo, de sua missão e representarão um papel importante, após sua morte, na primeira comunidade cristã. Entre eles, João "o bem-amado", e Pedro, o "chefe, o líder" do grupo. São chamados Os Doze ou Os Apóstolos. Os Doze — é uma referência às 12 tribos de Israel, e sinal de que Jesus se dirige a todo seu povo, sem distinção; é também uma antecipação simbólica do Israel renovado. Apóstolos — do grego *apostolos* — significa "enviados". A palavra "apóstolo" aparece nove vezes somente em Mateus, Marcos e Lucas, e nunca em João, que usa o termo "discípulos". Em contrapartida, é freqüente nos Atos dos Apóstolos e nas Cartas de Paulo.

Os hebreus não acreditavam na sobrevida individual, mas na do povo (à esquerda). O castigo não era dado após a morte, mas na terra, sob a forma de doenças, flagelos... Entretanto, o homem piedoso não se resignava de ser privado da intimidade com seu Deus por causa da morte, testemunha esse Salmo que conta sua confiança: "Tenho sempre o Senhor diante dos meus olhos, ele está à minha direita e jamais vacilarei. Por isso, meu coração alegra-se e minha alma exulta, e meu corpo repousará em segurança. Tu não me entregarás à mansão dos mortos, nem deixarás que teu amigo veja o sepulcro. Ensinar-me-ás o caminho da vida, em Tua presença a plenitude da alegria, à Tua direita, delícias eternas." (Sl 16, 8-11)

profeta Oséias, século VIII a.C.: "Ele nos dará de novo a vida em dois dias, ao terceiro dia, nos levantará e viveremos em sua presença." (Os 6, 2)

No Livro de Isaías, num texto posterior ao próprio profeta, poderá ser lido: "Vossos mortos reviverão, seus cadáveres ressuscitarão. Despertai jubilosos vós que estais no sepulcro." (Is 26, 19) Na época desses profetas, não se acreditava ainda na ressurreição individual dos mortos. Essa linguagem metafórica profetizava que Israel iria reerguer-se após as derrotas e o desânimo. Porém, esses versículos, passíveis de outras interpretações, forneciam já um vocabulário que os escritores cristãos iriam utilizar e interpretar: "levantar", "reviver", "despertar", "terceiro dia".

A Ressurreição: uma resposta ao desejo não de imortalidade mas de justiça

No século II a.C., ao tempo da perseguição de Antíoco Epífanes, que queria impor costumes pagãos aos judeus, Israel tivera seus mártires, e a morte desses justos fez crescer a consciência religiosa na fé da ressurreição. A justiça de Deus não podia tolerar que esses homens perecessem totalmente na morte e que seus perseguidores não fossem punidos. No Livro de Daniel — um Apocalipse — que veio à luz nessa época, podia-se ler: "Muitos dos que dormem no pó da terra acordarão, uns para a vida eterna, outros, para a ignomínia, para o horror eterno." (Dn 12, 2) A

ressurreição não é uma resposta ao desejo de imortalidade, ela vem comprovar que Deus, aparentemente mudo, fará justiça.

A questão, aqui, não é o destino de um cadáver, mas sim, o posicionamento de Deus em relação a tudo o que Jesus vivenciou: o questionamento de toda uma sociedade e de sua religião, controvérsias, conflitos, processo e morte. A fé na ressurreição de Jesus confirma que Deus estava conivente com a prática social desse Jesus que se misturava aos pecadores, que questionava o código de pureza, que se dirigia aos excluídos. Ele abalou o Deus do Templo e

Na tarde do dia em que as mulheres encontraram o túmulo vazio, Jesus, incógnito, encontra os dois discípulos que se dirigiam a Emaús, entristecidos. "Citando todos os profetas a começar por Moisés, foi explicando-lhes tudo o que diziam a seu respeito.
Aproximando-se da aldeia, fez menção de seguir adiante, mas eles impediram-no, dizendo: 'Fica conosco, pois o dia está terminando e a noite já vem.' Entrou com eles [...]. Tomando o pão, benzeu-o, o partiu e deu a eles. Seus olhos se abriram e o reconheceram; mas Ele tornou-se invisível. Disseram, então, um ao outro: Não tínhamos o coração ardendo, enquanto Ele nos falava pelo caminho e nos explicava as Escrituras?" (Lc 24, 27-31)

da Lei para revelar um Deus surpreendente, Pai de todos, que dá prioridade ao filho perdulário e à ovelha perdida, e que convida a amar até mesmo os inimigos.

De acordo com os destinatários e os contextos culturais, os primeiros cristãos escolherão no vocabulário disponível palavras para exprimir a ação divina e evitar incompreensões ou falsas interpretações. Aqui, privilegiam-se as palavras: "despertar" ou "levantar"; fala-se de "vida" e de "vivo". Mais além, diz-se que Deus "exaltou" Jesus, que Ele "elevou-o" aos céus, que o fez "sentar-se à sua direita".

"Como tinham os olhos fixos no céu, enquanto Ele se afastava, eis que surgem dois homens vestidos de branco, dizendo-lhes: Homens da Galiléia, por que estais assim a olhar para o céu? Esse Jesus que vos foi arrebatado para o céu voltará da mesma maneira."

At 1, 9-11

Que significam os títulos dados a Jesus: "Filho de Deus", "Filho do Homem", "Senhor"?

"Viram, então, aparecer umas línguas de fogo que, dividindo-se, pousaram sobre cada um deles. Ficaram todos repletos do Espírito Santo."
At 2, 2-4

A visão do supliciado-exaltado à direita de Deus inunda os Evangelhos, cuja redação definitiva aconteceu em torno de 70-95 de nossa era. A fé no Jesus divino está impregnada no conjunto das narrações. A luz final ilumina todo o percurso e pode prolongar-se até modificar a significação de certos títulos utilizados para designar Jesus, como: "Filho de Deus", "Filho do Homem", "Senhor".

Quando Jesus andava pelas estradas da Palestina, e mesmo quando comparecia diante do sumo sacerdote, a expressão "Filho de Deus" — empregada, às vezes, para designar um rei, os anjos, o povo — podia equivaler ao termo "Messias", cujo correspondente grego é "Cristo". Podia designar uma missão recebida de Deus, sem comportar uma afirmação sobre a natureza profunda e a identidade daquele que assim era nomeado. Porém, mais tarde, quando foram redigidas certas Cartas de Paulo e os Evangelhos, a expressão tomou um sentido mais forte.

A expressão "Filho do Homem", paradoxalmente, reveste-se de uma intensidade considerável desde os tempos de Jesus, pois se refere ao Livro de Daniel (7, 13) e ao Livro de Henoque (46, 1-6), onde designa um ser sobre-humano, ao mesmo

tempo humano e divino, "sobre as nuvens do céu". Todavia esse título, sem dúvida, por ser pouco falado entre os gregos, fora dos Evangelhos só aparece uma única vez. (At 7, 56)

O título mais utilizado será "Kyrios", "Senhor". É essa palavra que a tradução grega da Bíblia usava para traduzir o nome inefável de Deus. Os pagãos utilizavam-no no culto de certos deuses e para soberanos divinizados. É encontrado na forma aramaica — "Mar" —, na Primeira Carta de Paulo aos Coríntios. (1 Cor 16, 22) Trata-se, sem dúvida, de uma fórmula de prece endereçada a Jesus.

O termo aparece nos primeiros discursos de Pedro nos Atos dos Apóstolos. Paulo afirma a preexistência de Jesus e sua condição divina. A Tito, ele fala do "nosso grande Deus e Salvador, o Cristo Jesus". (Tt 2,13) E o prólogo do Evangelho de João, no final do século I, afirma solenemente: "No começo era o Verbo e o Verbo estava em Deus, e o Verbo era Deus" (...) "O Verbo se fez carne e habitou entre nós." (Jo 1, 1-14) Certos textos da Bíblia falam do Verbo e da Sabedoria de Deus quase como personificações. Os primeiros cristãos iriam identificar o Verbo e a Sabedoria com o Messias rejeitado e supliciado.

"Quando o Filho do Homem vier [...], se assentará no seu trono de glória. Diante dele, reunir-se-ão todas as nações."

Mt 25, 31-32

E Jesus torna-se Deus

Os debates e os conflitos entre as diversas tendências sobre a "divindade" de Jesus estender-se-ão por quatro séculos. Primeira crise: o arianismo — que se prende aos posicionamentos do padre Ário de Alexandria, 320 — pondo em questão a divindade do Cristo. O Concílio de Nicéia (325) proclama Jesus Cristo "Filho de Deus, consubstancial ao Pai". Segunda crise, onde se defrontam Nestório, bispo de Constantinopla, e Cirilo, bispo de Alexandria: como Jesus Cristo pode unir a natureza divina e a natureza humana em uma só pessoa? O Concílio de Calcedônia, em 451, afirma que ele é "verdadeiro Deus e verdadeiro homem", duas naturezas em uma só pessoa. Algumas Igrejas "pré-calcedonianas" conservarão suas formulações anteriores até nossos dias em suas regiões de origem (Pérsia, Síria, Egito, Ásia Menor), de expansão (Etiópia, Sul da Índia) ou de diáspora moderna (Estados Unidos).

A pergunta de Jesus a seus discípulos ressoará através dos tempos: "E vós quem dizeis que eu sou?" (Mt 16, 15) A interrogação dizia respeito à sua missão. Jesus não queria ser o Messias político esperado por muitos. Era em outra profundidade que desejava plantar a semente de uma nova humanidade. Que pensava ele de si mesmo? Como teria formulado sua identidade? Chamava Deus familiarmente de "Abba", "Papai", vendo-o através de suas próprias iniciativas para com os pobres, os excluídos, os desprezados. Jesus tinha consciência de revelar o Pai, em ações, recusando-se a trancafiá-lo no Templo e na Lei.

"Quanto aos 11 discípulos, encontraram-se na Galiléia, no monte que Jesus lhes designara. Ao vê-lo, prostraram-se em adoração, mas alguns duvidaram ainda. Jesus, aproximando-se deles, dirigiu-lhes estas palavras: 'Todo poder me foi dado no céu e na terra. Ide, pois, e em todas as nações fazei discípulos, batizando-os em nome do Pai e do Filho e do Espírito Santo, ensinando-os a guardar tudo o que vos tenho ensinado. E eu estarei convosco todos os dias, até o fim dos tempos.'"

Mt 28, 16-20

Na variedade simples de seu vocabulário, os primeiros cristãos afirmaram que ele era o Rosto do Deus invisível e que, em seu caminho de lutas, de amor, de conflitos e de dom, ele revelara Aquele que não pode ser reduzido e não pode caber em nenhuma palavra, em nenhum pensamento, em nenhum conjunto de práticas morais ou culturais. Um Deus subversivo, humano, ligado a tudo o que era a vida da sociedade palestina do início do século I, que surpreendia até mesmo aqueles que o esperavam.

Acreditava-se aproximar-se dele, conhecê-lo através da prática da Lei, do estudo das Escrituras e do culto do Templo. E eis que o carpinteiro de Nazaré via surgir o Deus da Nova Aliança nos caminhos, nas relações humanas, no íntimo da liberdade de cada homem. Este Deus tão encarnado "o mais humano de todos os deuses" (Jean Wahl) não estaria presente naquele que anunciava seu Reino? Este passo foi dado um dia, quando o homem se voltou para ele, na confiança e na prece, como se voltava para Deus, mas, agora, para o Deus mais amoroso de todos os deuses.

"Tive fome e me destes de comer, tive sede e me destes de beber, era estrangeiro e me acolhestes, estava nu e me vestistes, doente me visitastes, estava na prisão e fostes me ver [...]. Então, os justos lhe perguntaram: Quando, Senhor, aconteceu isso? — Toda vez que fizestes ao menor de meus irmãos, foi a mim que o fizestes." (Mt 25, 31-46) Novidade inaudita: Jesus se identifica com os pobres, será encontrado na relação do ser necessitado, mesmo que Deus seja ignorado.

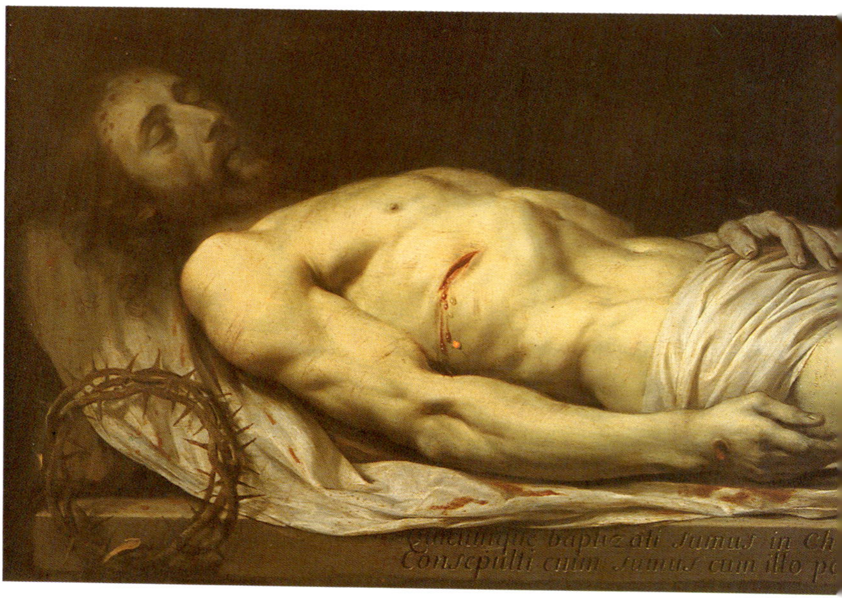

Em uma de suas Cartas, Paulo celebra o "Cristo Jesus que, possuindo condição divina, não tomou isso como uma prerrogativa para se igualar a Deus, mas se despojou, tomando a condição de servo, tornando-se semelhante aos homens. [...] Humilhou-se a si mesmo fazendo-se obediente até a morte e morte de cruz. Por isso, Deus o exaltou e lhe deu um nome que está acima de todo nome". (Fil 2, 6-11) Ao lado, o nome de Jesus em aramaico. Na página seguinte: *"Noli me tangere"* (não me toques), palavras misteriosas de Jesus a Maria Madalena.

Desde então, Jesus é e continua sendo aquele que abala todas as idéias sobre a divindade. Não será ele sempre o Deus surpreendente?

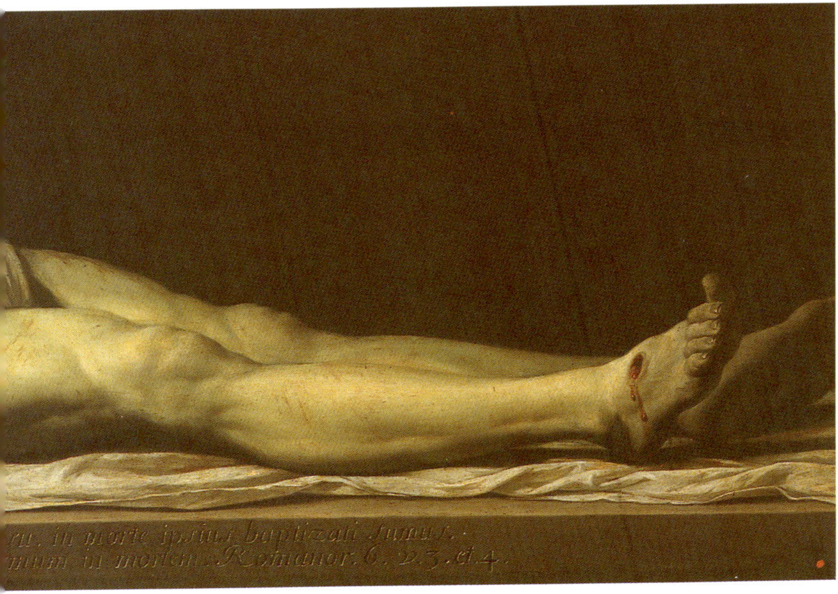

TESTEMUNHOS E DOCUMENTOS

Fazer perguntas que levem à verdade
Reconstituir acontecimentos
Revelar o homem

As fontes de conhecimento histórico de Jesus

Os historiadores possuem à sua disposição três fontes para retroagir às origens e recolher informações sobre Jesus:
1) A fonte cristã, a mais extensa, oferece os escritos cristãos do Novo Testamento e, especialmente, os quatro Evangelhos.
2) Documentos não-cristãos escritos por um funcionário imperial e dois historiadores de Roma.
3) A fonte judaica apresenta somente um texto do historiador Flávio Josefo e um outro do Talmude.

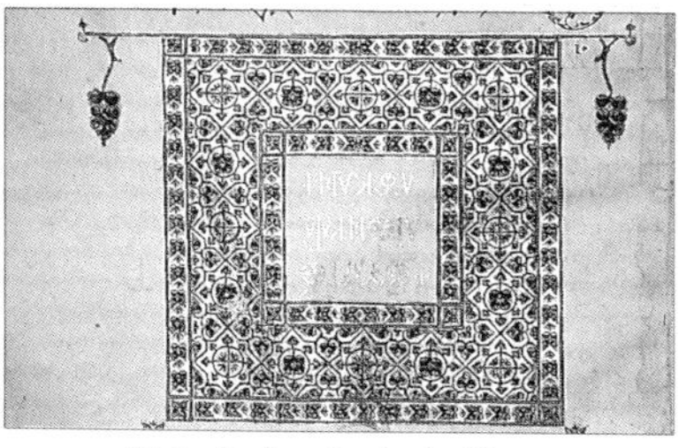

Evangeliário do fim do século XI (Evangelho de São Lucas).

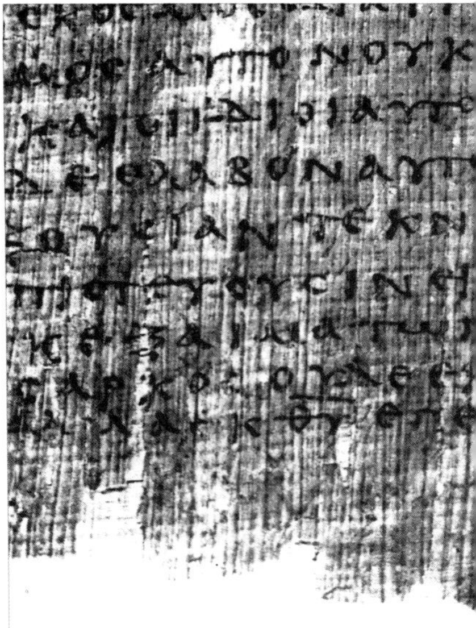

Os Evangelhos

Sabe-se que os Evangelhos constituem o best seller *absoluto? Foram escritos em grego, hoje, traduzidos para mais de 1.800 línguas a grande maioria das pessoas pode lê-los em sua língua materna. Mas como esses escritos do primeiro século de nossa era chegaram até nós?*

Os "originais", escritos pelos respectivos autores, estão perdidos para sempre, como todos os livros da Antiguidade. As testemunhas mais antigas são as cópias. Porém, convém constatar que o intervalo entre essas cópias e a época dos originais é pequeno, se comparado ao tempo decorrido entre a época em que os grandes autores gregos e latinos escreveram suas obras e a data de seus exemplares mais antigos que possuímos. Para Virgílio, a distância é de quatro séculos, para César de nove, para Platão,

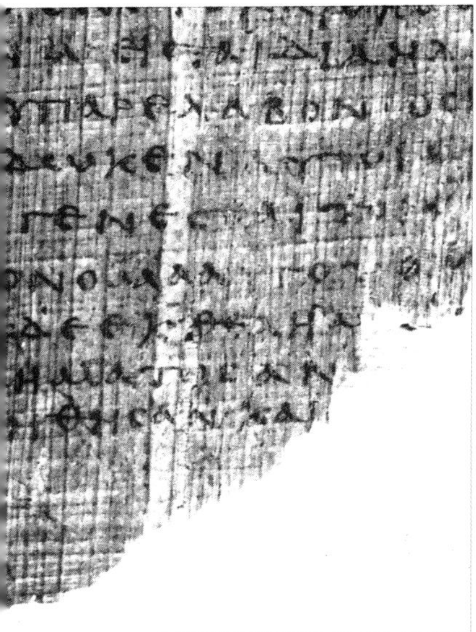

Papiro quase sem lacunas com dois terços do Evangelho de São João.

de 13; para Eurípides de 16; enquanto que, quanto aos Evangelhos, dispomos de textos completos do século IV, e de muitos fragmentos anteriores. Entre esses fragmentos de manuscritos mais antigos, podemos citar o papiro Bodmer II, conservado em Genebra e datado aproximadamente, do ano 200, contendo dois terços do Evangelho de João. Mais antigo ainda, o papiro Rylands nº 457, em fragmentos de 8,9cm de altura por 6cm de largura, conservado em Manchester e apresentando algumas linhas da narração da Paixão no Evangelho de João, datado do ano 130, aproximadamente, há 50 anos do original.

Os "manuscritos" se diferenciam pelo material usado – "papiro" e "pergaminho". O *papiro* é uma planta aquática, um caniço encontrado particularmente no Egito, cortada em tiras finas, coladas umas às outras e prensadas, a fim de confeccionar a folha. Os papiros eram muito vulneráveis à umidade, por isso, pouco nos restou deles, na maioria das vezes, em fragmentos, em pedaços. O *pergaminho* é uma folha cortada em pele de carneiro, cabra ou bezerro. Esse material é muito mais resistente.

Existem perto de mil manuscritos, contendo todo ou parte do Novo Testamento, do século II ao século XVI; várias centenas anteriores ao ano 1000. A destacar, entre os mais cultuados, estão dois manuscritos do século IV, apresentando o Novo Testamento na íntegra: o *Vaticanus*, guardado na Biblioteca do Vaticano, e o *Sinaïticus*, conservado no British Museum, de Londres, vindo de São Petersburgo, comprado ao governo soviético em 1933, por 200 mil libras. Todos esses manuscritos são estudados com a ajuda de computadores, em particular, do Institut für neutestamentliche Textforschung da Universidade de Münster da Alemanha.

Serão esses textos do século IV, apresentando, especialmente, o conjunto dos Evangelhos, cópias fiéis dos originais do século I? Pode-se retroagir mais longe ainda? Tem-se essa possibilidade graças às citações e às traduções dos Evangelhos anteriores ao século IV.

As citações encontradas nas obras de autores cristãos dos primeiros séculos permitem observar o texto evangélico tal qual era lido nos séculos II e III. Entre os séculos I e VIII, contam-se perto de 300 mil citações do Novo Testamento. O Centro de Análise e Documentação Patrística de Estrasburgo pesquisa o conjunto dessas citações através de um computador.

As *traduções* antigas dos Evangelhos, em latim, siríaco ou copta, algumas do século II, permitem também ler os textos como eram lidos em lugares e situações diversas.

O conjunto desses estudos, que acumularam descobertas de dois séculos até nós, é chamado "crítica textual", ciência que procura estabelecer o texto autêntico. Os pesquisadores examinam especialmente as "variantes": tais diferenças entre os manuscritos são numerosas, perto de 300 mil para o Novo Testamento; porém, o todo, praticamente, não altera o conteúdo ou o sentido dos textos. Descobriu-se, também, que existem *famílias* de manuscritos: a partir de determinado país, cópias viajam, exercem sua influência. Verdadeiros mapas indicam os itinerários.

Graças a esses trabalhos, existem hoje edições científicas dos Evangelhos: abaixo do texto grego, notas apresentam as variantes importantes. Mesmo que esses resultados devam ainda ser aperfeiçoados, pode-se considerar que, atualmente, se tem acesso aos textos primitivos em condições de fidelidade compacta.

Semelhanças e diferenças

Uma vez realizada essa aproximação científica dos textos primitivos, nos encontramos em presença dos quatro Evangelhos atribuídos a Mateus, Marcos, Lucas e João. Em que diferem eles? Qual é a origem de cada um deles?

Os Evangelhos de Mateus, Marcos e Lucas parecem muito próximos; certas edições os apresentam em colunas paralelas, para que sejam comparados, por isso chamados *sinóticos*. O quarto Evangelho – o de João – possui um

Os quatro evangelistas: Lucas, Mateus, João e Marcos.

plano original e um desenvolvimento longo que lhe são próprios.

As diferenças entre os Evangelhos são muito interessantes e reveladoras. Pesquisando-os profundamente, os eruditos passaram a conhecer melhor as comunidades onde viviam os evangelistas, seus destinatários, os problemas que levavam em consideração, o contexto cultural e religioso no qual desejavam transmitir a mensagem de Jesus. Tais constatações, conjugadas com as informações obtidas em outros escritos cristãos do século II ao século IV, permitem estabelecer a originalidade de cada Evangelho.

O Evangelho atribuído a Mateus foi escrito em grego, em torno dos anos 80, no norte da Palestina. O autor é um judeu convertido, pleno de cultura bíblica, escrevendo para judeus que tomaram o "caminho" de Jesus. Em seu Evangelho, sente-se a tensão entre os judeus membros das comunidades cristãs e os que não abandonaram o judaísmo. O autor quer mostrar que a adesão a Jesus não trai o passado, mas o completa. Para ele, Jesus é o fim de todas as esperas, o novo Moisés que inaugurou a Aliança definitiva entre Deus e o Israel renovado. Uma genealogia apresenta Jesus como o descendente de Davi e as narrações da infância darão a compreender que ele será rejeitado pelos responsáveis de seu povo e reconhecido pelos estrangeiros. Convida a interiorizar a Lei que consiste em amar. Enfim, ouve-se Jesus enviar os apóstolos a "todas as nações" e se identificar para sempre com o pobre e o necessitado.

O Evangelho atribuído a Marcos foi escrito para os pagãos de Roma, com certeza, em torno de 65-70. De todos os Evangelhos, é o mais antigo. Seu autor criou um novo gênero literário.

Dirige-se a leitores que não possuem cultura judaica, quase não cita a Bíblia, explica palavras e usos. Escreve em grego popular, às vezes, desajeitado. Em estilo eletrizante, cheio de vida, ele mostra as multidões estarrecidas em volta de Jesus. É dominado por uma pergunta que se faz com crescente intensidade: "Então, quem é esse homem?". Faz Jesus percorrer um itinerário simples da Galiléia a Jerusalém. O evangelista apresenta um Jesus que se recusa a ser o Messias político esperado. Ele é livre em relação a tudo, penetrado pelo espírito, disponível ao encontro com os não-judeus. Prepara seus discípulos para seu processo e sua morte. No final, o centurião romano, presente no momento de sua morte, dá a resposta à pergunta: "Quem é este homem?" Ele declara: "Este homem é verdadeiramente o Filho de Deus", anunciando com essas palavras que os pagãos acreditarão na pessoa de Jesus.

O Evangelho atribuído a Lucas, escrito em torno de 70-80, após a destruição de Jerusalém – à qual faz alusão – é dirigido aos não-judeus e escrito com domínio total do grego, com um vocabulário mais rico do que o dos outros Evangelhos. Retoma o itinerário esquematizado por Marcos – da Galiléia a Jerusalém. Proclama o amor de Deus e denuncia o dinheiro como verdadeiro ídolo. Inundado pela alegria, insiste no apelo à pobreza, na acolhida aos pequeninos, aos pecadores e aos pagãos, e na importância da oração. Jesus é apresentado como o Profeta, o homem que vive do Espírito na presença do Pai, o Ser diante do qual é preciso fazer opção, o Senhor. Nesse livro, são encontrados um conjunto de textos sem equivalente nos outros Evangelhos, como, por exemplo, a Parábola do Bom Samaritano. Um segundo livro de Lucas, os Atos dos Apóstolos, conta como a Boa-Nova se propagou até Roma.

O Evangelho atribuído a João foi concluído em fins do século I, na Ásia Menor, talvez em Éfeso. Escrito em grego, é apresentado como a obra do "discípulo que Jesus amava". No século II, esse discípulo será identificado como o apóstolo João. Esse livro, que veio à luz nas comunidades ligadas a João, foi, sem dúvida, objeto de sucessivas elaborações. Apresenta diferenças em relação aos outros Evangelhos, trazendo exatidões. É o único a mencionar as Bodas de Caná, o encontro com a Samaritana, o lava-pés. Apresenta um itinerário de Jesus muito menos simples que o de Marcos, Lucas e Mateus. É um Evangelho muito sensível à humanidade de Jesus, à força simbólica de seus atos, à sua relação íntima com o Pai. Ao longo das páginas, o conflito nasce e cresce entre Jesus e o "mundo", a vida eterna começa e Jesus apresenta os "sinais" dela, os quais as comunidades dos discípulos prolongarão no amor fraterno e no culto. O livro apresenta Jesus como o Verbo de Deus que continua a animar essas comunidades.

A maioria das vezes, as diferenças entre os Evangelhos se explicam pela diversidade de seus autores e de seus destinatários. Eles foram elaborados através da pregação, da catequese, da liturgia, da reflexão dos cristãos na Palestina, na Grécia, na Ásia Menor, em Roma.

A fidelidade da transmissão dizia respeito mais ao espírito do que ao sentido literal. O temperamento dos evangelistas, a maneira pela qual fazem a ligação da novidade anunciada por Jesus com o passado de Israel, a visão que desejam passar sobre ela contribuem também para fazer dos Evangelhos obras originais, muito mais elaboradas do que possa parecer uma leitura superficial.

A infância: Jesus no Templo entre os doutores.

Quaisquer que sejam as diferenças, os Evangelhos estão em acordo ao apresentar Jesus como um ser que fala e age com uma grande liberdade inovadora, que abala a sociedade judaica, que quer criar uma relação nova dos homens com Deus e dos homens entre si.

Os Evangelhos da infância

Somente os Evangelhos de Mateus e de Lucas falam sobre o nascimento e a infância de Jesus. Essas páginas foram escritas de uma maneira que as diferencia dos textos que dizem respeito à vida pública de Jesus. Esses "Evangelhos da infância" têm valor histórico? Qual é sua mensagem?

Essas narrativas pertencem a um gênero literário particular, já usado no Antigo Testamento e no judaísmo: consiste em anunciar qual será a missão de um personagem pelos acontecimentos que envolvem seu nascimento e sua infância. Esses textos são a preparação sutil desses dois Evangelhos: através de suaves alusões, são uma apresentação antecipada da pessoa e da obra de Jesus. A perspectiva não é "histórica", no sentido que hoje se dá a esse termo, ela é "religiosa". É muito difícil precisar em detalhes o que é passado e o que pertence ao processo literário ao apresentar desde o começo a pessoa de Jesus e sua missão em forma de narrativas. O cumprimento da missão está projetado no começo.

Mateus detalha uma genealogia de Jesus (1, 1-17), a fim de lhe dar lugar, através de José, na descendência de Davi. Seguem-se cinco narrativas (Mt. 1, 18-25; 2, 1-23), com referências a textos dos profetas, para mostrar que Jesus é o Emanuel, chefe, pastor, Filho de Deus, Israel cumprido, o Nazareno.

Lucas insiste no papel de Maria e mostra em Jesus o Filho de Deus. Faz um paralelo entre João Batista e Jesus. Relata a apresentação de Jesus no Templo e como foi encontrado entre os doutores.

Mateus quis mostrar aos leitores de cultura judaica que em Jesus cumpriu-se a Escritura, que ele é o Messias, o Filho de Davi.

Lucas, cujos leitores são de variadas culturas, quis mostrar que Jesus, através de Israel, vem para todos os homens.

Posteriormente, vários Evangelhos apócrifos ampliaram essas narrativas a fim de satisfazer o gosto pelo fantástico, pelo maravilhoso. A arte cristã utilizou abundantemente todas as narrativas da infância em suas obras.

Os Evangelhos "apócrifos"...

Ao lado dos quatro Evangelhos chamados "canônicos", por serem reconhecidos pelas Igrejas, existem outros chamados "apócrifos", isto é, "escondidos". Por que essa rejeição e essa denominação? Seria seu conteúdo não apropriado? Qual é sua origem?

Onde está escrito pela primeira vez que o jumento e o boi estavam junto à manjedoura e que o nascimento de Jesus aconteceu em uma gruta? Que texto antigo conta a infância de Maria, sua apresentação no Templo de Jerusalém, seu casamento com José? Quem narra os milagres de Jesus, quando criança, seus debates com os doutores, as discussões entre Nicodemos e o Grande Conselho, após a Ressurreição, a descida de Jesus aos Infernos? Todas essas informações estão contidas em Evangelhos, mas quais deles?

Tais narrativas não se encontram nos quatro Evangelhos reconhecidos pela Igreja. Estão em outros evangelhos, pouco conhecidos, estranhamente chamados "apócrifos". Contam-se cerca de 20: evangelho dos ebionitas, evangelho dos egípcios, evangelho árabe, evangelho armênio, Proto-evangelho de Tiago, História de José, o carpinteiro, evangelhos de Judas, de Marcião, de Matias, do pseudo-Matias, dos nazarenos, de Nicodemos, de Pedro, de Tomás... Do que tratam esses escritos, por que e como quase se perderam? Seriam portadores de informações que alguns gostariam que não fossem divulgadas? A investigação está aberta.

A palavra *apócrifo* vem de uma palavra grega que quer dizer "escondido". Era usada para designar escritos secretos, reservados aos iniciados, por exemplo, papiros mágicos. A palavra mudará de sentido ao longo dos séculos III e IV. À medida que os escritos apresentavam, algumas vezes, sob a capa de evangelhos, visões do mundo, do homem e de Deus muito diferentes daquelas dos primeiros Evangelhos, as Igrejas reagiram.

Foi nesse contexto polêmico que foram selecionados os escritos considerados fiéis à memória de Jesus. Um fato importante dos debates foi a tentativa do escritor cristão Marcião, na metade do século II, que, por rejeitar todos os traços da tradição judaica e do Deus do Antigo Testamento, reduzia as escrituras cristãs ao Evangelho de Lucas, retocado, e a algumas Cartas de Paulo. Então, vieram à luz listas de livros considerados santos. Foram chamados *canônicos*, do grego *canon* que significa "regra", "lei", "norma": eram os Evangelhos referenciais, portadores da fé verdadeira, em relação àqueles chamados "Evangelhos estrangeiros". O termo *canon*, no Concílio de Laodicéia, em 360, terminou por designar a própria lista dos textos declarados autênticos. O adjetivo apócrifo irá conhecer, também, uma mudança de sentido: de "escondido", passou a significar "excluído da compilação oficial", "não reconhecido", "errôneo".

Pode-se classificar os evangelhos apócrifos em três categorias: alguns se aproximam do texto dos Evangelhos sinóticos (Mateus, Marcos, Lucas), com modificações e complementações; outros, enfim, possuem um conteúdo doutrinal característico.

Os primeiros são conhecidos por citações de autores cristãos dos séculos III e IV. São designados pelo nome das comunidades, que agrupavam judeus convertidos ao cristianismo, onde eram utilizados: evangelho dos nazarenos, evangelho dos hebreus, evangelho dos ebionitas... Às vezes, neles, encontra-se uma variante dos Evangelhos canônicos. Exemplo: o dos nazarenos, próximo ao Evangelho de Mateus, faz Jesus falar: "Dai-nos, hoje, o pão nosso de amanhã", se acreditarmos em São Jerônimo que o cita no século IV. Do evangelho dos hebreus, que tem como modelo o de Tiago, chefe da comunidade cristã de Jerusalém nos anos 30, Jerônimo lembra essa frase de Jesus: "Jamais sereis felizes, se não vos preocupardes com o amor de vossos irmãos." O evangelho dos ebionitas traz vestígios de uma forte oposição de Jesus ao culto e ao consumo de carne. Neste ou naquele texto do evangelho dos egípcios, por exemplo, surgem visões doutrinárias novas, estranhas aos escritos canônicos. Os evangelhos paralelos aos sinóticos foram redigidos no século II, e contêm algumas palavras originais de Jesus. Apesar de seu caráter fragmentário, trazem elementos para melhor se conhecer as Igrejas cristãs do século II.

Os apócrifos "romanescos" vêm saciar a curiosidade e a necessidade do fantástico, do maravilhoso. Querem preencher os vazios deixados pelos primeiros Evangelhos, cujos redatores visavam a sobriedade. O mais antigo dos apócrifos é chamado *História de Tiago sobre o nascimento de Maria* ou *Proto-evangelho de Tiago*. Veio à luz em 150. Seu texto é grego, mas possuímos também traduções em siríaco, armênio, etíope, georgiano e eslavo antigo. Apresenta Ana e Joaquim, que na velhice puseram no mundo Maria. Conta como José, viúvo e pai de vários filhos, ficou noivo de Maria, e suas suspeitas quando ela ficou grávida. Relata que uma parteira constatou a virgindade de Maria, mesmo após o parto. Narra a fuga para o Egito e a morte de Zacarias, pai de João Batista.

Este livro tem grande influência na piedade, na arte e na literatura cristãs. É um documento precioso para conhecer as especulações e o imaginário de certos círculos cristãos no século II; porém os historiadores não lhe dão crédito algum como acesso à infância de Jesus.

O evangelho do pseudo-Mateus, escrito em torno do século VII, baseia-se no Proto-evangelho e enfatiza ainda mais o recurso do maravilhoso. É ele que fala do jumento e do boi junto a Jesus. Sua influência na história do sentimento religioso, da liturgia e da iconografia é considerável.

Enfim, existem os evangelhos que mostram tendências que se afastam da fé cristã primitiva. O mais célebre, o evangelho de Tomás, em linguagem copta, foi descoberto em 1946, em Nag Hammadi, no Egito, e publicado em 1956. No entusiasmo da descoberta, alguns sustentaram que se tratava do evangelho mais antigo, do qual dependiam os quatro Evangelhos canônicos. Hoje, acredita-se que essa coletânea de 114 palavras atribuídas a Jesus foi redigida em torno de 140, provavelmente na Síria. A metade desses "ditos" estão nos Evangelhos sinóticos. Há também palavras que Mateus, Marcos, Lucas e João não escreveram e que, talvez, tenham sido pronunciadas por Jesus. Enfim, encontram-se, nesse evangelho, textos que condenam fortemente a sexualidade e desprezam o mundo material.

Tais doutrinas fazem parte do que é chamado gnose ou gnosticismo (do grego *gnosis* – conhecimento).

No conjunto de correntes dos séculos II e III agrupadas sob o nome de gnósticas, a salvação é proposta a uma elite de indivíduos pelas vias da inteligência. Como já se está longe do Reino para o qual Jesus convidava os pequeninos e os pobres!

A questão permanece: os evangelhos "apócrifos" são coerentes com a iniciativa de Jesus nos dias em que ele percorria a Palestina?

Plínio, o Jovem

A carta chegou a Roma pelo correio imperial, em, aproximadamente, 111-113. Vem da Bitínia, no noroeste da Ásia Menor. Plínio, o "legado" que governa a província, escreve ao imperador Trajano, a fim de pedir instruções, após a prisão de "cristãos". Trajano (98-117) responderá que não é hora de levar em conta denúncias anônimas e que é necessário punir os que se obstinam a se afirmar cristãos.

Eis a regra que segui para com os que me foram apresentados como cristãos. Perguntei-lhes se eram cristãos. Os que

me respondiam afirmativamente, eu os interrogava uma segunda, depois, uma terceira vez, ameaçando-os com o suplício; os que persistiam na mesma resposta, fazia-os executar...

Pelo simples efeito das perseguições, o crime, como acontece a maioria das vezes, revelou a amplitude de sua extensão e várias espécies se apresentaram. Um bilhete anônimo, contendo numerosos nomes, chegou-me às mãos. Os que negaram ser ou ter sido cristãos, achei conveniente soltá-los, após terem invocado os deuses depois de mim e adorado com incenso e vinho a estátua que, para essa finalidade, mandei trazer junto com a das divindades. Além disso, eles renegaram o Cristo e todas aquelas coisas que, se diz, os verdadeiramente cristãos não se deixam persuadir nem pela força...

Outros, apontados pelo denunciante, disseram que eram cristãos, mas logo se retrataram, dizendo que haviam sido, porém não eram mais, uns há três anos, outros há mais, alguns, há 20 anos. Todos os que adoraram a estátua e as estátuas dos deuses renegaram igualmente o Cristo. Confessaram que toda sua falta ou todo seu erro consistia em se reunir habitualmente em data fixa, antes do amanhecer, e cantar um hino a Cristo como a um deus; comprometiam-se também, por juramento, a não cometer tal ou tal crime, mas a não cometer de forma alguma, roubos, pilhagens, adultérios, a não voltar a uma fé jurada, nem a negar um contrato protestado...

Carta de Plínio a Trajano, nº 96

Tácito

Três ou quatro anos mais tarde, Tácito, historiador, mostra algumas apreciações em seus Anais, *sobre os "cristãos" e o "Cristo". As informações dadas sobre a morte de Jesus confirmam as fornecidas pelos Evangelhos.*

Para abafar o rumor (que atribuía o incêndio de Roma [em 64] ao imperador), Nero inculpou e infligiu tormentos requintados àqueles cujos procedimentos detestava e considerava execráveis e que o povo chamava de cristãos. Esse nome tem sua origem em Cristo que, no reinado de Tibério, o procurador Pôncio Pilatos entregara ao suplício. Imediatamente reprimida, essa detestável superstição manifestara-se de novo, não somente na Judéia, onde o mal nascera, mas também em Roma, onde o que há de mais abominável e vergonhoso no mundo chega e encontra numerosos adeptos. Começou-se, pois, por prender os que confessavam sua fé; depois, por recolher suas revelações; um grupo considerável de outros ficou convencido de que o ódio pelo gênero humano era maior do que a acusação de crime de incêndio. Não se contentou em matá-los; fizeram-nos vestir peles de animais, a fim de que fossem devorados pelos dentes de cães; também eram amarrados a cruzes embebidas em materiais inflamáveis, e quando o dia terminava, clareavam as trevas como tochas.

Anais, XV, 44, *in* C. Saulnier e B. Roland, "La Palestine au temps de Jésus", *Cahier Evangile* nº 27 Paris.

Suetônio

Alguns anos depois, em aproximadamente 120, um outro historiador, Suetônio em Vidas dos Doze Césares, *fala de novo em Nero e nos "cristãos".*

No governo (de Nero) foram editadas muitas condenações rigorosas e medidas repressivas, e também novos regulamentos: foram impostos limites ao luxo; as festas públicas ficaram reduzidas às distribuições de alimentos; ficou proibido vender nas tabernas qualquer alimento cozido, exceto legumes e ervas, ao passo que, outrora, lá eram servidas quaisquer espécies de comida; os cristãos, tipo de gente dedicada a uma superstição nova e perigosa, eram entregues ao suplício; foram proibidas as brincadeiras dos condutores de quadrigas que um antigo costume permitia vagar pela cidade, logrando e roubando os cidadãos por simples diversão...

Vida de Nero, XVI, *in* Suetônio, *Vidas dos Doze Césares,* trad. de Henri Ailloud, Les Belles Lettres, 1931-1932, Folio, Gallimard, 1975

Em Vida do imperador Claúdio *(41-54), Suetônio escreve também:*

Porque os judeus se rebelavam continuamente, instigados por um certo Crestos, ele os expulsou de Roma.
[Seriam disputas entre judeus convertidos e seus antigos compatriotas?]

Fonte judaica

Em torno de 93-94, Flávio Josefo – um general judeu servindo em Roma – escreve Antiguidades judaicas. *Em duas passagens, menciona o Cristo. Na primeira, lembra a condenação e a execução de "Tiago, irmão de Jesus". Na segunda, fala mais longamente sobre Jesus. Porém, existem várias versões dessa passagem, e, por isso, pergunta-se se copistas cristãos não lhe fizeram acréscimos. Todas apresentam Jesus como um "homem sábio". Alguns acrescentam: "se, todavia, é necessário chamá-lo homem". Eis o estado despojado desse texto, tal qual o cita Agapios, bispo árabe do século X.*

Naquela época, existiu um homem sábio chamado Jesus cuja conduta era apreciável. Suas virtudes foram reconhecidas. Muitos judeus e pessoas de outras nações tornaram-se seus discípulos. Pilatos condenou-o a ser crucificado e a morrer. Contudo, seus discípulos transmitiram sua doutrina. Eles contam que ele lhes apareceu três dias após sua crucifixão e que estava vivo. Talvez, ele seja o Messias acerca de quem os profetas narraram prodígios.

Agapios, *Histoire universelle*

A morte de Jesus segundo o Talmude

No Talmude judaico, onde estão registradas as tradições orais coletadas particularmente no decorrer dos dois primeiros séculos da nossa era, encontra-se uma dúzia de passagens discretas que podem se referir a Jesus. A mais importante encontra-se no Talmude de Babilônia e data provavelmente do século II. Refere-se à morte de Jesus.

A fortaleza de Masada.

A tradição lembra: na véspera da Páscoa, Jesus foi suspenso. Um arauto andou diante dele, durante 40 dias, dizendo: ele será lapidado porque praticou magia, enganou e induziu ao erro Israel. Que aqueles que conhecem o meio de defendê-lo venham e testemunhem a seu favor. Porém não se encontrou ninguém que testemunhasse a seu favor; então, foi suspenso, na véspera da Páscoa.

B.T.B. Sinédrio, 43 a

Os Toledsoth Yeshou, *coletânea de lendas judaicas que remonta ao século X, são textos polêmicos; os historiadores não os consideram como fonte de acesso à história de Jesus.*

Que concluir deste exame das fontes não-cristãs?

Eis o sentimento de um exegeta e historiador protestante da Universidade de Lausanne, cujos trabalhos merecem crédito.

Como reconstituir, por detrás dos Evangelhos, a vida do homem de Nazaré?
O ideal seria dispor de fontes não-cristãs. Não que elas fossem mais objetivas, ou mais "verdadeiras", porém elas trariam um outro ponto de vista; permitiriam verificações. Infelizmente, a varredura na literatura antiga resultou em dados escassos. Nenhum historiador do Império Romano fala sobre Jesus. Sua morte, que para nós fez mudar o rumo da história da humanidade, foi julgada ao nível do Império como um fato insignificante. Assim mesmo, Tácito em seus *Anais* e Suetônio em suas *Vidas dos Doze Césares* relembram as perseguições de Nero contra a "detestável superstição" cristã. Uma carta de Plínio, o Jovem, governador da Bitínia, ao imperador Trajano, escrita em torno de 111-113, explica como fazer com que os cristãos abjurassem sua fé e cultuassem o imperador [...].

Temos aí um eco comovente da onerosa decisão de ser cristão nos primeiros séculos. Entretanto, sobre Jesus, não se recolhe nada.

O silêncio quase total da literatura judaica a respeito de Jesus é muito mais espantoso. Das 15 mil páginas do Talmude, compilação monumental da erudição judaica, apenas 15 mencionam Jesus. O mais freqüentemente, culminando em acusações de charlatanismo ou duvidando da idéia do nascimento virginal ao inventar a cópula de Maria com o soldado Pantera, que a teria violentado.

A extrema raridade dessas informações denota um efeito de censura, todavia a censura é dupla: os judeus não quiseram citar seu concorrente triunfante e os cristãos não tolerariam que o Talmude mencionasse o nome de seu Senhor.

Em contrapartida, o historiador judeu Flávio Josefo, autor das *Antiguidades Judaicas* dedica algumas linhas a Jesus (93-94). Pesquisa-se muito a fim de saber se esse texto não foi aumentado, não sofreu acréscimos dos copistas cristãos da Idade Média. Orígenes, no século III, não o conhecia.

Esse testemunho não é desairoso; descrever Jesus como um homem de sabedoria tem tudo a ver com o estilo do aristocrata Josefo. Com seu depoimento completamos o círculo das informações não-cristãs sobre Jesus na Antiguidade. Resultado insignificante, dirão.

Daniel Marguerat,
L'homme qui venait de Nazareth. Ce qu'on peut aujourd'hui savoir de Jésus, Ed. du Moulin, Aubonne, Suíça, 1990

O nascimento de Jesus

Somente os Evangelhos de Mateus e de Lucas apresentam narrações sobre o nascimento de Jesus. As Cartas de Paulo e o Evangelho de Marcos, que são anteriores aos outros citados, nada falam. A Bíblia e os escritos rabínicos apresentavam narrações semelhantes da infância de homens considerados como enviados de Deus, como por exemplo Moisés. Este gênero literário, bastante peculiar, reaparece nos "Evangelhos da infância".

À luz das tradições bíblicas

A narração do nascimento milagroso de Jesus existe em duas versões literárias independentes uma da outra, em Mateus e em Lucas. Não aparece em Marcos e em João. Não há nenhuma alusão a esse fato no resto do Novo Testamento. [...] Jesus Cristo quer dizer Jesus, o Messias. De acordo com a mais antiga tradição judaica, o Messias deveria ser um descendente de Davi. Segundo essas duas genealogias, é exatamente José – e não Maria – quem descende do rei Davi. Ora, o importante é que as duas genealogias de José se encontram precisamente nos dois Evangelhos, que contêm também a narração do nascimento virginal de Jesus, em Mateus e em Lucas. Por conseguinte, parece que esses dois evangelistas não viram oposição entre o nascimento virginal de Jesus e sua descendência carnal de Davi por intermédio de José. Isto é tanto mais digno de nota porque as genealogias de Mateus e de Lucas são idênticas somente de Abraão a Davi. As dificuldades próprias às duas sucessões e suas importantes divergências deixam, pois, a impressão de que as duas genealogias de Jesus foram elaboradas com a única intenção de estabelecer sua descendência davídica.

Além de Jesus, não houve ninguém, de nosso conhecimento, que tenha, naquela época, apresentado sua família como de descendência davídica. Seguramente, toda vez que um homem foi considerado como podendo ser o Messias, seus discípulos lhe atribuíram o título de "filho de Davi". Foi o caso, por exemplo, de Bar Kochba – morto em 135 d.C. – que recebeu o título de

Casamento de Maria (detalhe).

Afrescos da capela dos Scrovegni pintados por Giotto, representando a vida de Maria, depois a de Jesus. Acima, nascimento de Maria; ao lado, o casamento.

Messias; foi também o de Jesus. Seria totalmente fora de propósito considerar Jesus de Nazaré como um príncipe ignorado. Mateus e Lucas, que nos informam sobre a ascendência davídica de Jesus, afirmam também que Jesus nasceu em Belém, cidade natal de Davi. Porém os textos dos dois evangelistas diferem em pontos importantes. Segundo Lucas (2, 4), foi por causa do recenseamento que a família de Jesus se deslocou até Belém. Assim, ela teria habitado em Nazaré antes do nascimento de Jesus, e para lá teria retornado. Segundo Mateus, a família de Jesus estava estabelecida em Belém da Judéia, fixando-se em Nazaré, na Galiléia, somente após a fuga para o Egito (2, 23). Portanto, parece que a tradição segundo a qual Jesus nasceu em Belém e a convicção de sua descendência davídica surgiram da crença popular em um Messias da raça de Davi que devia nascer em Belém, como o próprio Davi. Pode-se concluí-lo facilmente de João (7, 41-42). Aos discípulos, que afirmam a messianidade de Jesus, ele faz essa objeção: "O Messias virá da Galiléia? Não diz a Escritura que o Messias nascerá da descendência de Davi e virá de Belém, onde viveu Davi?" João ignorava, pois, a ascendência davídica de Jesus e seu nascimento em Belém. Por outro lado, este versículo de João nos mostra que esses dois critérios eram, com freqüência, requisitados em relação à legitimidade das pretensões messiânicas. Logo, é mais provável que Jesus, judeu da Galiléia, tenha nascido em Nazaré.

David Flusser,
Jésus, Le Seuil, 1970

A crença na concepção virginal

Os escritos dos evangelistas relatam um simples fato histórico ou é possível interpretá-los de outras maneiras?

A concepção virginal está ausente nos escritos de Paulo, de Marcos e da tradição joanina. Entre os autores do Novo Testamento, os únicos a abordar esse assunto foram Mateus e Lucas. Paulo menciona a descendência davídica de Jesus (Rm 1, 3), sublinhando que Jesus nasceu "de uma mulher" (Gl 4, 4) [...]. Assegura, também, a filiação divina de Jesus e sua preexistência. Marcos não registra a infância e em seu Evangelho não há nenhum traço de crença na concepção virginal de Jesus.

A concepção virginal de Jesus é relatada nos Evangelhos da infância segundo Mateus e Lucas. É claramente afirmada em Mt 1, 18-25, e, talvez, menos claramente, em Lc 1, 31-35. Nos textos mateusino e lucanino, o evangelista quer nos dizer quem é Jesus e de onde ele vem. Através da genealogia e da mensagem do anjo a José, Mateus dá a entender a descendência davídica de Jesus e o papel do Espírito em sua concepção. Lucas apresenta as duas mesmas idéias na mensagem de Gabriel a Maria. Em cada um dos episódios, percebem-se uma dramatização e um desenvolvimento cristão de uma afirmação cristológica encontrada e posta em paralelismo no fragmento de querigma inserido em Rm 1, 3-4: "nascido da descendência de Davi segundo a carne e constituído Filho de Deus com todo seu poder, segundo o Espírito de Santidade, por (sua) ressurreição dentre os mortos". O que era proclamado de modo querigmático, relacionando Jesus ao Espírito como ligado à ressurreição, renasce mais forte no tempo até a própria concepção na tradição que Mateus e Lucas herdam da comunidade cristã que os precedeu. O Evangelho de Marcos, que não possui passagens da infância, utiliza a cena do batismo (1, 10-11) para expressar uma relação similar. Tal é, na realidade, a afirmação doutrinal que comportam os textos de Mateus e Lucas no que diz respeito à concepção virginal. Seu objetivo principal é uma afirmação referente a Jesus e não a Maria. [...]

"É possível compreender a concepção virginal de Jesus somente sob esse

Anunciação.

ângulo [...]. Os dados sugerem, antes, que essa crença veio à luz no desenvolvimento da cristologia da Igreja primitiva, no decorrer do período neotestamentário."

Joseph Fitzmyer, *Vingt questions sur Jésus-Christ*, Édition du Cerf, Paris, 1983.

Origem e significação da concepção virginal

Eis uma tentativa de situar com precisão a "concepção virginal" nas tradições judaicas.

[...] Comecemos por considerar o tema, bastante antigo, do nascimento miraculoso de Isaac (Gn 18, 1-15; 21, 1-3), de Jacó e Esaú (Gn 25, 21), de José e Benjamim (cf. Gn 29, 31 a 30, 24), de Sansão (Jz 13, 2-24), de Samuel (1 Sm 1), e, mais tarde, de João Batista (Lc 1, 5-25), onde é relatada a esterilidade da mãe; em seguida, como essa esterilidade foi neutralizada por Deus. Além do princípio fundamental segundo o qual é Javé quem está sempre na origem da vida (ver um exemplo em Gn 29, 31), as tradições judaicas se preocupam em mostrar que os grandes personagens da história de Israel são assim *presenteados por Deus a seu povo.*

É preciso distinguir entre o tema da concepção virginal e o da concepção miraculosa, mas, ao mesmo tempo, não afastar demais o liame que os une. Isso aparece na "composição em dítico" de Lc 1-2: a concepção miraculosa do Batista corresponde, em grau superior, à concepção virginal de Jesus. João era dom de Deus, pois sua mãe, Isabel, era estéril e avançada em idade (Lc 1, 7); Jesus o será também, pois Maria fica grávida sem ter conhecido homem (Lc 1, 34; Mt 1, 18 e 25).

É atraente para a apologética afirmar que o tema da concepção virginal não tem paralelo no judaísmo. De fato, não existe nada igual, porque os judeus do Egito que haviam traduzido a Bíblia para o grego (a Septuaginta, ou a dos Setenta) interpretaram, um século antes da nossa era, a célebre profecia messiânica de Isaías (Is 7, 14) no sentido de uma concepção virginal. Onde o texto hebraico dizia "a jovem" (*almah*), a dos Setenta interpreta como "a virgem" (*parthenos*). Assim sendo, "desde o século II a.C., e talvez, já antes, uma parte da tradição judaica viu nesse nascimento excepcional, ainda esperado, o nascimento virginal do Messias" (nota da T.O.B. – tradução ecumênica da Bíblia, ed. du Cerf –

retomará, por sua conta, esta tradução da Bíblia grega.

Fixemos bem essa localização onde a Septuaginta fornece um primeiro testemunho. Se, segundo a opinião abalizada de P. Perrot, "o tema da concepção virginal, isto é, de uma concepção onde a ênfase recai sobre a virgindade daquela que dá à luz, é pouco provável no judaísmo palestino", se este parece conhecer somente "o tema da concepção miraculosa onde a ênfase é colocada sobre a ação direta de Deus ou de um anjo", o *judaísmo helênico* (aqui, precisamente, o de Alexandria, no Egito) conheceu e pôs em prática, por sua vez, os dois temas.

Se a Septuaginta de Is 7, 14 é o único texto decisivo, que se pode alinhar em relação ao tema da concepção virginal, não se deverá desprezar o *Livro dos Segredos de Henoque*, que relata, no capítulo 23, a concepção maravilhosa de Melquisedeque. Não se trata, aí, para falar com propriedade, nem de uma concepção miraculosa, no sentido bíblico do termo (Deus elimina a esterilidade de uma mulher e ela pode, enfim, conceber um filho de seu *esposo*), nem de uma concepção virginal *stricto sensu*. No nosso texto, uma não-virgem estéril concebe um filho sem ter relações sexuais. "A mulher de Nir, Sofonim, estéril e que não dera filhos a Nir, já se encontrava na velhice e próxima à morte, e concebeu em seu ventre. Ora, Nir, o sacerdote, não dormia com ela desde o dia em que o Senhor o colocara à frente do povo." Portanto, a concepção de Melquisedeque aconteceu sem intervenção masculina. Nir e Noé, seu irmão, o confessarão após o nascimento, gritando: "Este é do Senhor, meu irmão!" Esse texto é um prenúncio; encontramos nele um elo intermediário entre o tema da concepção miraculosa e o da concepção virginal. [...]

Isto leva a perguntar se o tema da concepção virginal de Jesus não foi posto em prática pelos meios judaico-cristãos *helenistas*. [...]

O tema da concepção virginal é cristológico, e não mariológico, ele responde à pergunta "Quem é Jesus?", antes mesmo de esclarecer a figura de Maria. Jesus é o Cristo, filho de Davi (Mt 1, 1; Lc 1, 32). Quando as primeiras confissões de fé relacionaram a investidura messiânica ao acontecimento pascal (cf. Ac 2, 36), logo tiveram a preocupação de mostrar que a messianidade de Jesus havia sido anunciada desde seu batismo, no início de sua vida pública (cf. Mc 1, 11). Retroagindo mais, os textos sobre a Infância afirmarão que essa messianidade se fundamenta sobre a própria origem de Jesus. Mateus é excelente testemunha dessa visão puramente cristológica; pela citação de Is 7, 14, segundo a versão grega – é a chave-mestra de Mt 1, 18-25 –, o primeiro Evangelho confessa que o Menino é o cumprimento das profecias divinas relativas ao Messias, que é o "Deus conosco".

Mt. 1, 20 e Lc 1, 35 dizem que o Cristo foi concebido pelo poder do Espírito. Assim, pois, com Jesus, se tem acesso a uma novidade radical: como o primeiro homem devia seu aparecimento à exclusiva intervenção criadora de Deus (Gn 2), a mesma coisa acontecia com o segundo Adão. Revelada na manhã da Páscoa, a nova Criação foi posta em prática por Deus desde a concepção do Menino, que "salvaria o povo de seus pecados". (Mt 1, 21) Não são os homens que se dão o Salvador (cf. Mt 1, 21; Lc 2, 11). Jesus é o dom do Pai por excelência. Homem

Natividade, "em Belém da Judéia, no tempo do rei Herodes". (Mt 2, 1)

nascido dos homens, Jesus não é o produto da história humana, Ele é o fruto do agir divino, Ele é o "Filho de Deus". (Mt 1, 23; Lc 1, 35)

O tema da concepção virginal é, pois, para Mateus e Lucas, a imagem adequada que revela a intervenção pessoal de Deus para a salvação dos homens. Jesus é o Dom de Deus. Anotemos de passagem: esta afirmação doutrinal, que está no âmago da Boa-Nova cristã, exprime-se, no Quarto Evangelho, através do tema da Encarnação (Jo 1, 1-18) e não através do da concepção virginal.

O tema da concepção virginal manifesta e exprime a significação profunda (inegavelmente verdadeira para o crente) da concepção e do nascimento de Jesus. Esta criança dos homens é o Filho de Deus.

Hugues Cousin, in *Dossier Jésus, recherches nouvelles*, Editions du Chalet, Paris, 1977

Quadro religioso

Na época de Jesus, o coração de Israel é, há mais de nove séculos, o Templo de Jerusalém. Lá, todos os dias, são oferecidos sacrifícios; lá, vai-se em peregrinação; lá, são celebradas as grandes festas. O Templo é também um pólo da vida política, econômica, social e familiar do povo judeu. Mas, nos bairros e aldeias, também são construídas sinagogas, onde o povo se reúne para a oração e para o estudo das Escrituras.

O sacrifício de Baal e de Elias.

O sacrifício

O sacrifício constitui o elemento essencial da religião. É necessário distinguir:

– os sacrifícios públicos: diariamente, pela manhã e à noite, um cordeiro é oferecido em holocausto em nome da nação. É o "sacrifício perpétuo" (...)

– os sacrifícios particulares: ofertados por motivos diversos: pedido individual, expiação, reparação, ação de graças.

Além disso, no Santo do Templo onde um candelabro de sete braços ficava constantemente aceso, era celebrado um rito duas vezes ao dia sobre o altar dos incensos. No mesmo lugar, os 12 pães de proposição, reservados aos sacerdotes, eram renovados, a cada sábado, sobre uma mesa especialmente disposta para recebê-los.

As festas de Israel: três dentre elas eram festas de peregrinação que atraíam multidões a Jerusalém (a Páscoa, Pentecostes, a Festa das Tendas ou Tabernáculos), enquanto as outras duas (o Grande Dia do Perdão e a Dedicação) diziam respeito ao Templo de maneira específica. A Páscoa comemorava, na primavera, a libertação do cativeiro do Egito, simbolizando também a espera da libertação messiânica. A refeição dessa festa era de caráter familiar; os cordeiros deviam ser imolados no átrio interior do Templo. A festa dos pães sem fermento (os Ázimos), ligada à Páscoa, durava 7 dias.

No Pentecostes (a festa das Sete Semanas), 50 dias após a Páscoa, as primícias da colheita do trigo eram ofertadas ao Templo. Tardiamente, relacionou-se essa festa à entrega da Lei no Sinai. A festa das Tendas (Tabernáculos), celebrada no outono, ao término das colheitas e vindimas, tinha um caráter muito popular e alegre. Ofereciam-se a Deus os produtos do solo, e vivia-se sete dias em cabanas, simbolizando o tempo passado no deserto. A festa comportava ações de graças pelos bens da terra, procissões com palmas, preces pedindo chuva, luminárias.

O Yom Kippur (o grande Dia das Expiações) era celebrado cinco dias antes da festa das Tendas. Compreendia jejum rigoroso e sacrifícios pelos pecados. O sumo sacerdote devia, obrigatoriamente, presidir a celebração naquele dia. Ele sacrificava um touro por seus pecados e pelos de sua família, um bode pelos pecados do povo. Somente nesse dia ele entrava com o sangue das vítimas no Santo dos Santos do Templo onde Deus era considerado presente, para proceder a uma aspersão purificadora do santuário. Um segundo bode, o famoso "bode emissário", sobre o qual recaíam os erros da nação, era enviado ao deserto, a seis quilômetros de Jerusalém, aproximadamente. A festa da Dedicação, celebrada no fim de dezembro, durava oito dias. Nela, era comemorada a nova consagração do Templo em 164 a.C., após sua profanação durante a perseguição de Antíoco Epífanes. Levavam-se ramos e ofereciam-se sacrifícios. Acendiam-se lamparinas diante das casas, uma a mais a cada um dos oito dias da festa. A festa dos Purim (as Sortes) em 14 e 15 *adar* (fevereiro-março), comemorando a libertação do extermínio de que fala o Livro de Ester. Era uma espécie de carnaval judaico.

É preciso citar ainda as práticas familiares ou particulares da piedade judaica:

A oração: recitação duas vezes ao dia do Shema – "Escuta Israel..." (Dt 6, 4-9; 11, 13-21; Nm 15, 36-41), em direção do Templo; bênçãos para todas as circunstâncias da vida; preces pessoais improvisadas; salmos; preces antes e depois das refeições.

O jejum: para se humilhar, expiar as faltas, obter socorro do céu. Os fariseus jejuavam às terças e quintas-feiras.

A esmola era bastante recomendada.

As obras de misericórdia: consolar os aflitos, visitar os doentes, resgatar os prisioneiros, enterrar os mortos, etc.

A educação

A cultura judaica tem por base os Livros Santos. O estudo é parte integrante da vida religiosa.

Toda ciência tinha uma dimensão teológica, nas artes plásticas era proibido representar uma figura viva. A música tinha um lugar importante nas celebrações religiosas.

O hebraico, língua do texto sagrado, experimentava uma renovação na época de Jesus. O aramaico era a língua corrente e a da paráfrase indispensável do texto hebraico lido na sinagoga. O grego era a língua dos negócios.

Havia escolas primárias (*bêt séfer*) nas aldeias da Palestina, onde se aprendia a ler corretamente o texto hebraico sem vogais e a reconhecer as primeiras transposições para o aramaico. Nas escolas secundárias (*bêt hammidrash*), aprendia-se a interpretar a Escritura com a ajuda da tradição oral: "Sob a direção de seu mestre, o discípulo (*talmîd*) memorizava o texto, parte por parte, repetindo-o até quatro vezes.

A sinagoga

A sinagoga, criada, sem dúvida, durante o exílio da Babilônia no século VI a.C., expandiu-se na "diáspora" judaica no estrangeiro e também na Palestina, no decorrer do século I a.C. Ela é o pólo da vida religiosa local. Não é dirigida por sacerdotes, como o Templo, mas por "leigos", os "Antigos". Os "escribas" podem representar importante papel aí.

Se o Templo nos é apresentado como a chave-mestra da organização social, as sinagogas representam um papel decisivo na organização do saber. Originárias das reuniões culturais dos judeus exilados, as sinagogas tornaram-se lares nacionais na diáspora e tiveram um papel capital quando da destruição do Templo. Foram introduzidas, na Palestina, mais tarde do que na dispersão. Todavia, no tempo de Jesus, havia uma delas em cada aldeia importante, e, segundo a tradição rabínica, eram 480 em Jerusalém. A sinagoga era o lugar da oração, da leitura do texto sagrado em hebraico, depois em paráfrase aramaica, enfim da instrução ou do comentário.

Aqui desaparecem os privilégios dos sacerdotes, aos quais se pede somente dar a bênção final. O chefe da sinagoga é escolhido entre os "Antigos". Ele é assistido por um conselho e possui um bedel sob suas ordens. É incumbido de administrar o edifício, de supervisionar a ordem das assembléias, dirigir preces e cantos, designar os intervenientes. Está claro que os escribras ordenados, quando encontrados na assembléia, são, normalmente, os mais requisitados para comentar o texto, dirigir "uma palavra de consolo", pronunciar uma invocação mais solene. A sinagoga é o lugar do livro e do saber, não do sacrifício.

O sábado, dia de repouso obrigatório desde a noite de sexta-feira até a noite de sábado, é, por excelência, o dia da reunião na sinagoga.

Sacerdotes e escribas

Sacerdotes ou membros da aristocracia judaica recebiam formação de escribas. Porém, a maioria dos escribas é originária de todas as camadas da população.

Os escribas dividiam seu tempo em três partes: um terço para a oração, um terço para o estudo, um terço para o trabalho manual. Muitos deles eram pobres e recebiam ajuda pública.

O aluno-escriba seguia um ciclo de vários anos supervisionado por um doutor célebre. Devia estudar as tradições de maneira a poder tomar decisões pessoais quanto às questões de legislação religiosa e de direito penal. Aos 40 anos, o aluno-escriba entrava através de uma ordenação para a corporação dos doutores.

O doutor ordenado podia decidir por si mesmo questões de legislação religiosa e ritual. Tornava-se juiz nos processos criminais e civis, individualmente ou como membro de uma corte de justiça. Os escribas ordenados criaram a tradição derivada da Tora – a tradição oral – que segundo o ensino farisaico encontrava-se em pé de igualdade com a Tora escrita. Os doutores diziam-na transmitida até eles desde Moisés! O saber elevava-os a postos-chave: o partido dos fariseus do Sinédrio era intensamente composto por escribas. Essa assembléia de governo funcionava

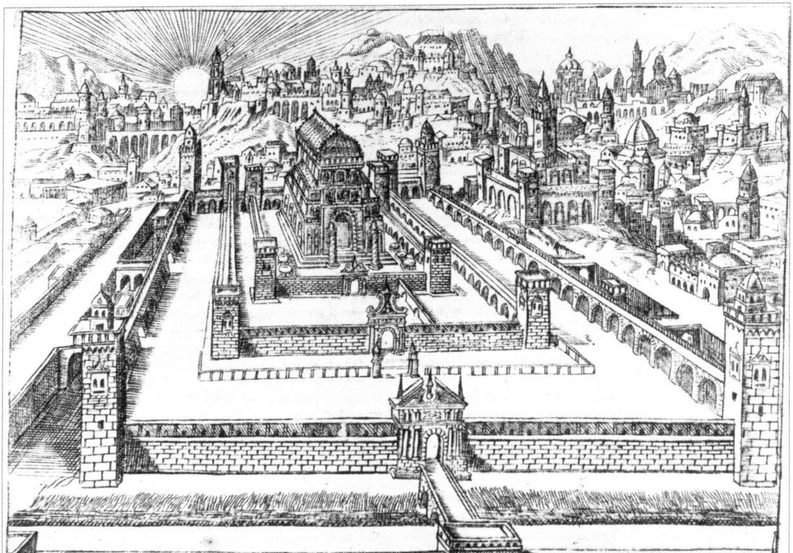

צורת בה ועיר ירושלים תובב אכיר

sobretudo como corte de justiça. Ora, a exegese das Escrituras era determinante nas sentenças. Os escribas eram preferidos aos sacerdotes e outros leigos quando um cargo estava para ser preenchido em uma comunidade.

Eram instruídos em lições secretas sobre Deus, nas leis sobre o incesto nos fundamentos da Tora, em fórmulas mágicas utilizadas pelos rabinos, em prescrições para amenizar as leis de pureza, como também nas leis relativas ao trabalho nos dias de festas intermediárias e a santificação do sábado, das tradições genealógicas que descredenciariam famílias de notáveis, caso fossem reveladas.

Toda a aprendizagem dos escribas tinha também um aspecto secreto, pelo fato de que a tradição dos antigos não podia ser difundida por escrito, por ser "o segredo de Deus". Somente o aluno assíduo, o futuro escriba, estava a par dela. Além disso, o Antigo Testamento não era diretamente acessível ao povo, por estar escrito em hebraico. A posição social dos escribas era proeminente. Estavam habilitados não em razão de sua origem como os sacerdotes, mas pelo fato de conhecer a vontade divina.

O povo seguia suas ações e gestos para deles tirar o exemplo. À passagem de um escriba, todos se levantavam, exceto o trabalhador manual. Ter um aluno dos escribas em um banquete era uma honra. Os escribas passavam adiante de um velho e até mesmo de seus próprios pais. Seus túmulos eram venerados como os dos patriarcas e dos profetas, sendo objeto de lendas.

extraído de Emile Morin, *L'Evénement Jésus*, Editions du Cerf, Paris, 1978

Jesus e a política

Os romanos ocupam a região. O alto clero de Jerusalém, os fariseus, os resistentes armados têm atitudes variadas. Espera-se o Messias libertador. Face aos poderes políticos na Galiléia e em Jerusalém, em meio a diversas correntes e sensibilidades, como se situa Jesus?

Jesus diante de Pilatos.

Os judeus sob o jugo romano

Galileu, Jesus está subordinado a Herodes Antipas, mas há muito tempo o verdadeiro poder é exercido por Roma. Além disso, Jerusalém, coração da vida judaica, está sob a administração direta de Roma. [...] A ocupação romana põe termo às esperanças da verdadeira independência do povo judeu. [...]

Entretanto, no âmago de sua vida cotidiana, o povo judeu sente o peso de Roma; os pagãos dispõem do soberano pontificado e podem intervir na vida dos judeus, quando acham conveniente. As grandes famílias sacerdotais acomodam-se de acordo com a situação, pois o sumo sacerdote é uma pessoa do governador romano. Aos olhos de seus concidadãos, ele se justifica enfatizando que, graças à sua política, as instituições judaicas e, em particular, o Templo funcionam. Membros da família de Herodes bajulam o imperador e intervêm quando as liberdades dos judeus parecem muito ameaçadas.

Excetuando-se algumas famílias que tiram proveito da situação, os judeus [...] aspiram à libertação do jugo romano. Conscientes de sua história, eles estão vigilantes em relação a qualquer gesto que apareça como uma inovação do governador, e, daí, extensão do embargo romano. Entre 27 e 36 vários incidentes acontecem, quando Pilatos inova ou começa novas construções. Entretanto, a análise das causas da situação não é homogênea e as soluções propostas diversas.

O recenseamento feito por Quirino suscitou descontentamento entre o povo; alguns ficaram do lado de Judas, o Galileu: pagar imposto é sinal de uma sujeição insuportável para um povo libertado outrora por seu Deus. Em torno de 27, sem constituir um partido visando à expulsão dos romanos, eles (os "sicários") fomentam revoltas. Os fariseus possuem outra óptica e sensibilidade: a ocupação romana é um castigo provocado pelo pecado de Israel, refugiam-se na piedade individual, exortam à penitência e esperam a intervenção de Deus — seu messias restabelecerá Israel em sua dignidade e o purificará do imigrante e do estrangeiro, fontes de profanação.

Os discípulos de Jesus não escapam desse clima, e sob diversas formas os Evangelhos traem essa esperança de libertação, ligada a um movimento de purificação.

Jesus também convida seus discípulos à paciência (Mt 13, 24-30; Lc 17, 23; 19, 11). Pela educação recebida, ele partilha da esperança de seu povo; entretanto, não se coloca de forma alguma como oponente do poder romano. Tomando distância face às representações messiânicas correntes, Ele estabelece, prazerosamente, a confusão na exegese dos escribas que apresentam o messias de Israel como filho de Davi (Mc 12, 35-37), pois conhece a ambigüidade de tal filiação. Além disso, o comedimento de Jesus em relação às instituições messiânicas de seus ouvintes exprime suas reservas quanto a uma interpretação de sua missão em termos nacionalistas.

Alguns judeus podem ter se ressentido por ele ter acolhido os coletores de impostos, como sendo uma aceitação de fato do poder romano. Com efeito, Jesus não contesta radicalmente esse poder, mas em contrapartida o profeta de Nazaré não manifesta nenhuma simpatia a respeito de os meios sacerdotais se aproximarem da autoridade romana.

Vão fazer a Jesus a pergunta exaustivamente debatida: é permitido ou não pagar o imposto a César?

A concepção que Jesus possui do poder (Lc 22, 24-27) e as escolhas que fez quanto à realização de sua missão explicam sua atitude. O profeta de Nazaré não tem razões para entrar em concorrência com o poder do governador, como o faria o messias saído das aspirações de seus contemporâneos. Por ocasião da polêmica imposta por seus adversários, Jesus revela seu pensamento sobre o poder romano e o julgamento sobre qualquer tipo de poder (Mc 12, 13-17). Os iniciadores da polêmica diferem segundo os Evangelhos, entretanto todos admitem a lealdade de Jesus, que ensina "o caminho de Deus com verdade".

A questão apresentada a Jesus é clássica nos meios judaicos [...]: "É permitido ou não pagar o imposto a César?" Como procede em outras circunstâncias, Jesus pergunta àqueles que o interrogam, obrigando-os a tomar uma posição. Ele não responde diretamente à pergunta, mas fornece o princípio, a base, que estabelece a resposta e toda a reflexão sobre o poder: "Dai a César o que é de César e a Deus o que é de Deus." Jesus não determina dois domínios paralelos, que teriam cada um seus princípios, seu modo de funcionamento, sem interação um em relação ao outro. Realmente, a questão requer uma resposta relativa aos bens de César (Tibério, que reinou de 14 a 37 d.C.). Ora, Jesus replica com uma frase composta de duas partes; entre os dois segmentos da frase encontra-se uma ligação intrínseca provocada pela menção da imagem (traduzida através dos tempos por "efígie", nas bíblias francesas). O "bem" de Deus relativiza o poder e os direitos de César, pois César não dispõe de independência total. A peça (moeda) volta para César, porque ela leva sua imagem. Por seu lado, o homem carrega a imagem de Deus (Gn 1, 26-27), logo, o "bem" de Deus é Ele mesmo. Reconhecendo os direitos de César, Jesus relembra os limites assinalados para o homem, imagem de Deus.

Jesus recusa a se restringir a um quadro nacionalista. Assim agindo, distancia-se das esperanças judaicas marcadas por uma ligação à terra de Israel e à espera de um reino messiânico. Limita os direitos de César, relacionando-os com os de qualquer homem. A sentença de Mc 12, 17 sobre o imposto a César pertence a Jesus; ela é original e convém a seus propósitos questionadores, embaraçantes para seus ouvintes, e que se abrem a uma interrogação sobre sua pessoa. Além disso, a versão joanina da Paixão de Jesus não desconhece essa orientação. A Pilatos, que afirma sua autoridade, Jesus lembra a relatividade de tal poder (Jo 19, 11): "Nenhum poder terias sobre mim se do alto não te fosse dado", comportando um jogo de palavras. O poder de Pilatos é um poder delegado pelo imperador, porém, mais fundamentalmente, esse poder é limitado em razão de sua origem última.

Frente a Herodes Antipas, filho de Herodes, o Grande, que herdou a Galiléia e a Peréia, Jesus se comporta com grande liberdade de palavras... e de silêncio.

A atitude de Jesus é totalmente crítica em relação ao poder exercido por Herodes Antipas (4-39 d.C.); Ele sublinha sua insignificância. No âmago de uma perícope por demais complexa, Mc 8, 15 faz uma referência estranha a Herodes Antipas. Jesus avisa seus discípulos sobre o fermento dos fariseus. Marcos manda ficar de sobreaviso quanto ao fermento de Herodes, enquanto Mateus refere-se ao dos saduceus. Em Marcos, Jesus censura nos fariseus e em Herodes a recusa aos sinais propostos: para Herodes o sinal constituído por João Batista. O tetrarca, assassino do Batista, não soube captar o sentido da atividade de João e reconhecer nele um profeta. Os discípulos saberão compreender os sinais que lhes são propostos?

Em Lc 13, 32, Jesus põe em evidência a relatividade do poder de Herodes. [...]

Ademais, a partir de Bultmann, os exegetas têm reservas quanto à autenticidade das palavras de Jesus anunciando sua Paixão. Entretanto, é difícil recusar a Jesus tanta lucidez em seu conflito com as autoridades judaicas. De outra parte, exatamente

como se interessara pela atividade de João Batista, Herodes Antipas teve que se preocupar com a pregação e os atos do profeta de Nazaré (Mc 6, 14-16). As ligações que Jesus estabeleceu com o movimento batista tornaram bastante semelhante o interesse de Antipas por Jesus. Após a morte de Batista, Jesus avalia o perigo que Herodes representa: é insignificante, comparado à ameaça proveniente dos sumos sacerdotes [...]. Acreditando-se em Lucas, Herodes e Jesus encontraram-se frente a frente, quando da condenação do Mestre (Lc 23, 6-12). Jesus não contesta o direito de Herodes ao fazê-lo comparecer perante ele, contudo, domina a situação. O tetrarca não obtém a menor resposta a suas perguntas. Frente a um régulo, um reizinho, que inspira medo a seus súditos, Jesus enfrenta o desafio. Fala ao tetrarca com toda liberdade, não esquecendo a atitude de Herodes para com Batista.

Jesus nunca se colocou em oposição ao poder romano ou ao de Herodes, seria desconhecer o sentido e o alcance de seu messianismo. Em contrapartida, enfatizou sobejamente o caráter relativo desses poderes, marcando-o com sua liberdade de expressão.

Jean-Pierre Lemonon,
"Jésus face au pouvoir politique", *Le Monde de la Bible*, nº 50

Vista de Jerusalém.

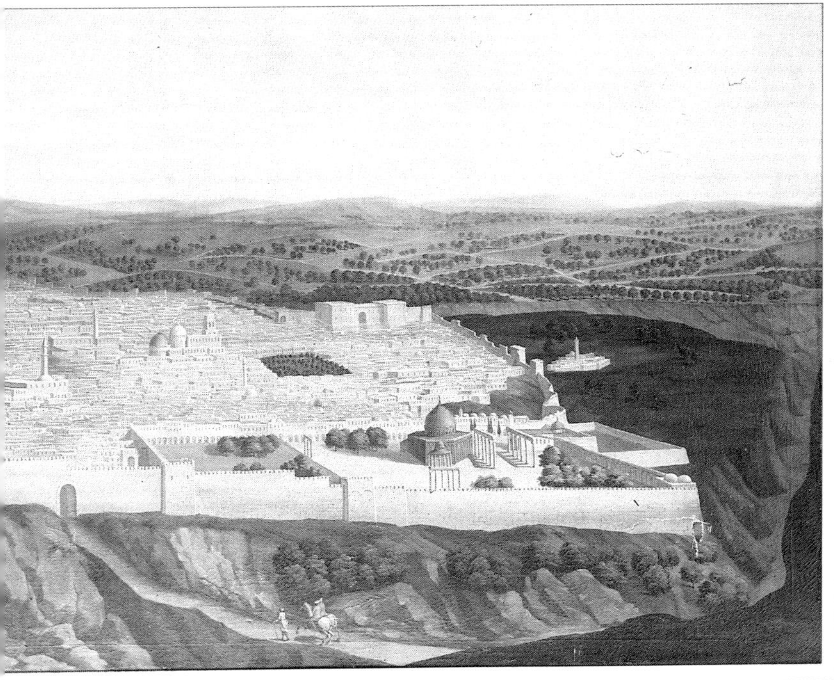

Jesus, um homem "Deus"?

Em 451, o Concílio de Calcedônia declarou solenemente que Jesus era Deus e homem. Esta proclamação queria encerrar um longo e difícil debate: uns consideravam a humanidade de Jesus, arriscando a ver nele somente o homem; outros estavam fascinados por sua divindade, a ponto de esquecer sua humanidade. Mas, e ele, o que dizia dele próprio? Quando e como foi reconhecido como Deus? E o que acontece quando os homens dizem que Jesus é Deus?

Ficha de identidade?

[...] O resultado da pesquisa sobre os títulos dados a Jesus é desconcertante. O homem de Nazaré se oculta diante da questão de sua identidade. Não se declara nem Messias, nem Filho de Deus, nem Filho do Homem, mas tem consciência de que ultrapassa os profetas. Não fala dele, mas de Deus, o que não o impede de ser o dedo de Deus (Lc 11, 20) e de demonstrar com autoridade sem precedentes seu poder de cura e sua interpretação da Lei.

Que Jesus representa o papel de iniciador do fim dos tempos, está evidente, porém deixa em suspenso a questão de saber quem ele é; jamais explica sua autoridade, nem para defendê-la nem para estabelecer seus fundamentos. Simplesmente, age e fala com autoridade. (Mc 1, 22-27)

O "mais" pelo qual Jesus ultrapassa os profetas é enunciado assim pelo intelectual judeu David Flusser: Jesus "é o único judeu conhecido da Antiguidade que anuncia não somente o fim dos tempos, mas também que o novo tempo da salvação começara". Para a fé cristã, Deus, ao ressuscitar Jesus dentre os mortos, elevou-o muito acima dos profetas. A questão de sua identidade, a qual o homem de Nazaré deixara em branco, foi preenchida a partir da experiência da Páscoa. O "mais que um profeta", que corresponde à consciência de Jesus, revestiu-se progressivamente em títulos com os quais os Evangelhos prodigalizam o Nazareno: Senhor, Cristo, Filho de Deus, Filho do Homem, Verbo feito carne. Tais títulos são sinais de que nele já existiam e que o apóstolo Paulo chama de *coisas novas*. (2 Cor 5, 17)

A pessoa de Jesus é um enigma, não podendo o historiador constatar a não ser os dons excepcionais deste líder religioso cujos traços lhe escapam no momento em que pensa apreendê-los [...].

Jesus era um mestre espiritual, o profeta do fim do mundo, o líder de um povo ou um mestre inspirado? O personagem permanece indefinível, mesmo que as aproximações, ao nível das ideologias, façam sentido durante um tempo.

O crente contempla os traços deixados pelo homem de Nazaré na história e nos textos. Chega à conclusão de que existe uma chave para este enigma. Esta chave, diz ele, é a fé.

Daniel Marguerat, *L'homme qui venait de Nazareth. Ce qu'on peut aujourd'hui savoir de Jésus*. Ed. du Moulin, Aubonne, Suíça, 1990

Jesus "Senhor"

O título que parece ter-se imposto rapidamente em toda a antiga cristandade foi o de *Kyrios*, Senhor. Na Septuaginta, Kyrios, qualificativo divino, traduz o tetragrama 21 hebraico inefável. No paganismo, é um título cultural conferido a numerosos deuses; é também o título dos soberanos divinizados. Transposto para o Cristo, é, para os fiéis de todas as origens, particularmente rico em ressonâncias, e situa Jesus acima da humanidade comum. Seu equivalente aramaico – *Mar* – conservado com sufixo de posse – *Marana* – nosso Senhor, em uma fórmula litúrgica citada por São Paulo (1 Cor 16, 22), representa, sem dúvida, um nome, uma designação cultural utilizada pelas comunidades de língua semita, a começar pela de Jerusalém.

Efetivamente, Kyrios aparece, ao lado de outros títulos, nos discursos que os Atos atribuem a Pedro e que refletem indubitavelmente um estado bastante arcaico da cristologia. Jesus é "o santo servo" de Deus, marcado pela unção divina (At. 4, 27); Deus "o elevou, com a sua direita, como Chefe e Salvador" (At 5, 31); Ele o fez "Senhor e Cristo" (At 2, 36). Assim, Jesus é elevado, no fim de sua carreira terrestre, da condição humana que lhe era própria a essa situação única que lhe confere o nome de Senhor. [...]

Para Paulo, o Cristo preexistente participa de toda maneira da condição divina. Sua filiação em relação ao Pai é ontológica e não metafórica. [...]

Notemos, entretanto, que ele mesmo não designa ainda explicitamente o Cristo como Deus, salvo, talvez, numa passagem de ressonância litúrgica (Rm 9, 5) que certos exegetas interpretam do Pai, e não do Cristo. Mas, está claro que, se Paulo mantém no plano da doutrina certa hierarquia entre o Pai e o Filho, ele tende a aboli-la no plano cultural. A linguagem teológica caminhará logo ao lado do contexto devocional. Acontece na Epístola – dêutero-paulina 23 – a Tito, que fala de "nosso grande Deus e Salvador, o Cristo Jesus" (Tt 2, 13). O prólogo do quarto Evangelho, por sua vez, proclama com toda a limpidez desejada, ao mesmo tempo, a preexistência e a natureza divina do Filho: "No começo era o Verbo, e o Verbo estava em Deus, e o Verbo era

Deus." (Jo 1, 1) Situa-se, geralmente, o Evangelho de João nos últimos anos do século I. Quinze anos mais tarde, Plínio, o Jovem, então governador da Bitínia, pesquisando sobre os cristãos, observa que seu culto se dirige "ao Cristo como a um Deus". Porém, ao lado da corrente de pensamento de onde nascerá a ortodoxia niceniana, existiu, durante muito tempo na Igreja antiga, um outro tipo de cristologia que, embora repudiando o adopcianismo e proclamando a divindade do Cristo, coloca, entretanto, o Filho em posição subalterna ao Pai – é a cristologia dita subordinacionista. [...]

É bem verdade que o pensamento judaico, como eu já lembrava no início deste artigo, desconhece um Messias divino. Porém, também ele sofreu, sobretudo na Diáspora, a influência do helenismo que, infiltrando-se nele, atingiu, primeiramente, o cristianismo nascente, isto é, primitivo. Fílon de Alexandria desenvolve a noção de um Logos-Verbo divino, consubstancial a Deus, caracterizado por termos singularmente análogos aos que Paulo e João aplicam a Cristo. A literatura judaica, dita sapiencial – Provérbios, Sabedoria, Eclesiástico [...] –, coloca em cena uma Sabedoria, atributo divino personificado, mola-mestra da revelação, também associada à obra da criação que, certamente, conferiu alguns de seus aspectos tanto ao Logos de Fílon quanto ao Cristo de Paulo e de João.

Entretanto, deve-se sublinhar aqui uma diferença fundamental. Sabedoria judaica e Logos filoniano estão fora do espaço e do tempo. O Cristo de Paulo e de João, ao contrário, desceu sobre a terra em um determinado momento da história e se fez homem. A originalidade do cristianismo paulino e dêutero-paulino, e mesmo da primeira cristologia judeu-cristã, retida pelos ebonitas, face a todas as nuanças do judaísmo, reside, definitivamente, de um lado, na encarnação do Cristo-Logos, e, por outro lado, na identificação, jamais entrevista pelo pensamento judaico, da Sabedoria-Logos do Messias.

Marcel Simon, "La divinité du Christ", in *Dossier Jésus, recherches nouvelles*, Editions du Chalet, Paris, 1977

Que acontece quando os homens dizem: "Jesus é Deus?"

O que se esconde por baixo do monossílabo "Deus"?

Se fizermos de Jesus uma concepção grega de Deus, por exemplo, não estaremos muito distante do Deus de Jesus? Não estaremos desprezando Jesus, o sentido de sua vida e de sua morte?

A obra de Grabar sobre *A Primeira Arte Cristã* é uma constatação de a que ponto as obras primitivas, onde a fé está presente, são dependentes da arte antiga, como uma espécie interior do gênero: "Assim a arte cristã teria nascido velha..."

O mesmo poderia ser dito da teologia e do vocabulário cristão – nasceram velhos. Foram reutilizados. Eram suficientemente novos para o vinho novo? Não seriam tentativas de traduzir o que também traíam? Expondo a novidade de Jesus – de seus atos, de suas palavras, de seu ser –, em categorias, em idéias preexistentes emprestadas, não estariam desativando o explosivo perigoso do Evangelho para as sociedades?

Os instrumentos do culto e do pensamento filosófico e religioso não tenderiam a pôr Jesus à distância da adoração para colocá-lo à margem sacral da vida e, por aí, impedi-lo de desestabilizá-la?

A Trindade.

Se Jesus é Deus, todo o mistério inesgotável de Deus surge com Ele nos turbilhões da história. Portanto, Ele vai extinguir todos os ídolos e todos os deuses para sempre. Não será possível dizer "Jesus é Deus" sem experimentar uma vertigem, pois Deus não é concebível nem controlável.

Mas, por que a pressa dos crentes em reafirmar este conceito, como se desejassem que o Ab-soluto fosse rapidamente Re-solvido? Na realidade, a referência absolutisante se esforça, com freqüência, em "ocultar" o Absoluto e em preservá-lo, pois quer dispor dele, manipulá-lo, torná-lo socialmente operacional, ligá-lo a uma causa específica, o Des-ligado, o In-finito.

Assim, se pode passar para o interior de Deus e dispor dele? Como proceder à identificação de Deus?

O passado nos ensina as desventuras de tais identificações: o trovão, o sol, a morte, etc. foram deuses, e o progresso do saber e do poder transformaram em museus os panteões. Se, um dia, soubermos mais sobre a fabricação obscura dos deuses, deixaríamos de crer em Deus? Perderíamos o sentido do Absoluto? O debate com os judeus e os muçulmanos relembra o respeito vertiginoso do Absoluto de Deus. E a incredulidade é a constatação dos anacronismos e das preguiças de um pensamento cristão retardado que não é mais revelador para os espíritos de hoje. [...]

Se Jesus é "o rosto, a face" do Absoluto, é preciso renunciar a utilizá-lo para orquestrar nossos empreendimentos, reabsorver nossas dúvidas, fechar os abismos do universo. É preciso, pois, deixar o ab-soluto desatar, soltar, nossos medos e nossas auto-suficiências e nos conduzir para não se sabe aonde. Era exatamente esse impulso inquietante que percorria o ser e os comportamentos de Jesus. Ele é "fora de sentido", dizia-se. Jamais re-solvido, seu mistério ab-soluto não estará jamais totalmente de acordo com as palavras, abalará sempre os ritos, dominará as vidas. A referência a Jesus é, com freqüência, leve, atenuada, passageira; ela suporta nossos absolutos escamoteados, a fim de evitar enfrentar o Absoluto inesgotável que a conduz até a morte. [...] As afirmações e as explicações do passado não veiculam quase as roupagens ajustadas para essa ou aquela época; tornam-se irresistivelmente insignificantes, para nossos contemporâneos. Espera-se uma nova explosão do Espírito de Jesus em ações e palavras. Daqui até lá, muitos homens escutarão somente o silêncio do amor.

Gérard Bessière, "Jésus chiffre ou visage l'absolu?", in *Dossier Jésus, recherches nouvelles, op. cit.*

Jesus e as mulheres

Jesus curou mulheres de doenças do corpo e da alma. Acolheu-as e falou com elas de boa vontade. Admitiu-as entre seus discípulos e algumas fizeram parte do grupo que o acompanhava. Era amigo das irmãs de Lázaro. Essa atitude era inovadora em relação à condição feminina de então.

Jesus e a mulher adúltera.

Jesus face à impureza da mulher

Jesus afirmava e defendia uma inacreditável liberdade para o povo, pecadores, samaritanos, doentes, e, sobretudo, para as mulheres.

[...] mesmo que a vida delas em Israel não fosse essa escravidão propagada, sua desqualificação religiosa separava-as dos homens no Templo e na Sinagoga. Os nascimentos e a menstruação colocavam-nas regularmente em estado de impureza, logo, à margem da Lei. O direito matrimonial judaico desfavorecia-as mais do que o direito romano – não podiam pedir divórcio. Sua situação, no século I, se deteriorou em relação ao Antigo Testamento, e nos rabinos, ao lado do elogio à mãe, sobrevivia uma desconfiança enraizada para com as mulheres.

A liberdade de Jesus em relação às mulheres está registrada pela freqüência de encontros atestados nos Evangelhos:

a pecadora em casa de Simão (Lc 7, 36-50), a mulher adúltera que queriam lapidar (Jo 8, 3-11), Marta e Maria (Lc 10, 38-42), as mulheres que o serviam (Lc 8, 1-3; Mc 15, 40-41) e as testemunhas da ressurreição (Mc 16, 1-8). Ser tocado pela mulher que vertia sangue não o repugnava (Mc 5, 25-34). Todos esses indícios revelam que Jesus não partilhava da discriminação às mulheres, corrente entre seus contemporâneos; seu desinteresse pelas questões de pureza facilitava naturalmente essa "abertura".

Daniel Marguerat, *L'homme qui venait de Nazareth. Ce qu'on peut savoir de Jésus aujourd'hui.* Éd. du Moulin, Aubonne, Suíça, 1990

A situação social da mulher

Em uma obra magistral, o exegeta e historiador alemão Joachim Jeremias estuda longamente a situação social da mulher. Impossível resumir o longo capítulo que lhe permite concluir:

Somente a partir deste painel da época podemos apreciar, em sua totalidade, a posição de Jesus face à mulher. Lc 8, 1-3; Mc 15, 41 *et par.* (cf. Mt 20, 20) falam das mulheres que acompanham Jesus; é um acontecimento sem igual na história da época. Batista havia pregado para as mulheres (Mt 21, 32) e batizado mulheres; Jesus, também, muda conscientemente o costume, permitindo às mulheres segui-lo. Se assim pode agir, exige igualmente, de seus discípulos, em relação à mulher, uma atitude de pureza, triunfando sobre o desejo: "Aquele que olhar uma mulher [casada], desejando-a, já cometeu adultério com ela em seu coração." (Mt 5, 28) Jesus não se contenta em colocar a mulher em um nível mais elevado daquele no qual ela se encontra. Salvador enviado a todos (Lc 7, 36-50), coloca-a diante de Deus em pé de igualdade com o homem (Mt 21, 31-32).

Jochim Jeremias, *Jérusalem au temps du Christ,* Editions du Cerf, Paris, 1967

As mulheres que o acompanham...

O exegeta espanhol Xabier Pikaza considera particularmente o grupo de mulheres que acompanham Jesus.

[...] No momento de sua morte, encontram-se algumas mulheres que, segundo Lc 8, 1-3, o seguiam desde quando proclamava sua mensagem na Galiléia. Essas mulheres, cujo nome e número é difícil estabelecer com precisão, tornam-se, segundo Mc 15, 47, as testemunhas do sepultamento de Jesus. Elas o seguiram até o fim, e longe de fugir para a Galiléia, como os discípulos, assistem à morte e ao sepultamento do Mestre (Mc 15, 40-41-47 *et par*). A tradição evangélica que se ocupou especialmente com os homens não explicou bem a relação que elas tiveram com Jesus. Permaneceram o tempo todo na penumbra, e foi somente no final, quando Jesus está prestes a morrer, que elas se mostram abertamente.

Xabier Pikaza, *El Evangelio, Vida y Pascua de Jesus,* Ediciones Sigueme, Salamanca, 1990

A nova mensagem do Cristo

A atitude das primeiras comunidades cristãs em relação às mulheres foi uma verdadeira "revolução".

Os Evangelhos atestam uma atitude nova de Jesus para com as mulheres. Ele acolhe igualmente homens e mulheres, estabelece uma igualdade pessoal entre eles, uma identidade de estatuto expressa no uso de batizar identicamente, isto é, da mesma maneira, sem distinção de sexo. [O autor lembrou nas páginas anteriores que o rito judaico da circuncisão era exclusivamente masculino.]

Essa revolução surge mais clara ainda no batismo por imersão que trazia para essa cultura e essa comunidade problemas de pudor, a ponto de terem de recorrer a ministros femininos para o batismo de mulheres.

Nenhuma formulação expressa de tal revolução se encontra nas palavras do Cristo que nos foram transmitidas. Porém, tal revolução é atestada através de suas atitudes, sua práxis, e as características próprias do Reino que ele inaugura: mulheres e homens ali são recebidos em pé de igualdade.

Tal inovação da mensagem do Cristo tornou-se um escândalo; chocou, confundiu seus inimigos, e até mesmo seus discípulos.

As preocupações apologéticas dos discípulos encobriram esse aspecto da revolução evangélica. Os dois últimos Evangelhos, livres de tal dificuldade, manifestam melhor o fato, dando-lhe tipologicamente um alcance antropológico, fortemente inscrito na estrutura mesma do Evangelho de João.

Pousando sobre as mulheres um olhar novo, chamando-as para um lugar novo e para um novo papel na nova comunidade, Jesus as libera não exteriormente, mas interiormente, através de um chamado para receber, sem discriminação, a Palavra e o Dom do Reino. Assim, tiveram acesso, em pé de igualdade, sem contestação, ao batismo no Espírito Santo, ao batismo de água e à Mesa Eucarística, exatamente como os homens (At 1-2, cf. 10, 44; 11, 17). A revolução do Cristo não se realizou através de conquista, reivindicação e estratégia contestatórias. O Evangelho não se resume em vencer os poderes deste mundo em seu próprio terreno, com suas próprias armas (poder e pressão constrangedores). Faz seu

Cristo em casa de Marta e Maria.

caminho como um surgimento interior, renascimento do coração e dos relacionamentos humanos, que se propagam progressivamente.

Esse tipo de libertação deixa subsistir, no Novo Testamento, uma terminologia de humildade, de subordinação mesmo. Assim, se explica o paralelismo entre os textos aparentemente chocantes do Novo Testamento sobre a obediência das mulheres (1 Cor 14, 34; Ef 5, 22; Cl 3, 18; Tt 2, 5; 1 Pd 3, 1, compensada por Ef 5, 21, que denota reciprocidade) e a obediência dos escravos (Ef 6, 5; Cl 3, 28; Tt 2, 9; 1 Pd 2, 18, compensada por Co 14, 1 e Fm).

René Laurentin, *in Concilium, Revue internationale de théologie*, edição francesa Beauchesne, Paris, nº 154, abril de 1980

Jesus e a Igreja

Jesus fundou a Igreja? Ele queria fundá-la? Historiadores e exegetas discutiram acerbamente. Pouco a pouco, as posições foram se aproximando no exame rigoroso dos textos. Mesmo que Jesus não tenha planejado a Igreja, assim mesmo ela nasceu dele e da experiência comunitária que a originou. Como?

"Jesus anunciava o Reino, mas foi a Igreja que apareceu."

Em 1902, em O Evangelho e a Igreja, *Alfred Loisy (1857-1940) escreve a célebre frase. Este padre, professor brilhante, trilhava caminhos novos da crítica histórica. Foi excomungado em 7 de março de 1908.*

É claro que Jesus não havia elaborado, de pronto, uma constituição para a Igreja como a de um governo estabelecido sobre a terra e destinado a perpetuar-se durante uma longa série de séculos. Todavia, existe algo de muito mais estranho ainda em seu pensamento e em seu ensinamento autênticos: a idéia de uma sociedade invisível formada para toda a eternidade por aqueles que acreditassem, com toda fé de seu coração, na bondade de Deus. Vimos que o Evangelho de Jesus já possuía um princípio de organização social e que o Reino também devia possuir forma de sociedade. Jesus anunciava o Reino, mas foi a Igreja que apareceu. Ela surgiu ampliando a forma do Evangelho, que é impossível de ser preservada tal qual, no instante em que o ministério de Jesus se encerrou pela paixão. Não existe nenhuma instituição sobre a terra nem na história dos homens de que se possa contestar a legitimidade e o valor, se colocarmos como princípio que nada tem direito à existência a não ser em seu estado original. Este princípio é contrário à lei da vida, que é um movimento e um esforço contínuo de adaptação a condições perenemente variáveis e novas. O cristianismo não escapou a tal lei, e não se deve censurá-lo de ter a ela se submetido. Não poderia ser de outra maneira.

Alfred Loisy, *L'Evangile et l'Eglise*, Picard, Paris, 1902

Vézelay.

Jesus não fundou a Igreja

Jesus se dirigia a todo o povo. Não queria formar um grupo particular, como os fariseus e os essênios. Para ele, os "Doze" representavam simbolicamente as 12 tribos de Israel.

[...] Embora Jesus conhecesse as conseqüências decisivas de sua pregação e tenha sentido a dolorosa experiência da recusa da grande maioria de seu povo, não partiu jamais da idéia de "resto", diferentemente dos grupos particulares, seus contemporâneos. A ação voluntariamente pública de Jesus, recusando-se a se distanciar do mundo e seu amor pelos pecadores, não excluindo ninguém, provoca o escândalo, ao manifestar o amor sem limite do próprio Deus, é um protesto enérgico contra toda e qualquer tentativa de isolamento e de segregação religiosa. Jesus não quer nem o agrupamento fechado dos fariseus, que conduz ao separatismo, nem a comunidade dos moldes de verdadeira seita, à maneira dos essênios. Não foi para agrupar os "justos", os "piedosos", os "puros", que Ele foi enviado, mas para reunir TODO Israel [...].

E a fundação do grupo dos Doze?

Este grupo não devia expressar o particularismo do "resto", mas uma vocação de conjunto. Os Doze deviam manifestar, mostrar, a reivindicação em relação ao povo inteiro das 12 tribos de Israel [...].

O grupo mais numeroso de discípulos, chamado a seguir

pessoalmente o Cristo, deve, também, estar presente diante de todo Israel para a missão. [...] A Igreja não pode ser reduzida, por curto-circuito, às noções centrais da pregação de Jesus...

Hans Küng, *L'Eglise,* tomo 1, Desclée de Brouwer, Paris, 1968

Os Evangelhos não registram o termo "Igreja"

Se Jesus não quis fundar a Igreja, por que, então, ela "surgiu", e como?

Jesus não fundou uma comunidade separada ou uma seita. Não planejou a Igreja. Antes, desejava reformar Israel, porém sua tentativa de abalar a teologia judaica em nome do Reino já próximo fracassou. Quinze séculos mais tarde, Martinho Lutero, que não desejava inicialmente separar-se do catolicismo, fará a mesma experiência. O famoso *slogan* proclamado por Alfred Loisy, em 1902, continua perfeitamente válido: "Jesus anunciava o Reino, mas foi a Igreja que apareceu", como prova a ausência do termo "Igreja" nos Evangelhos, com exceção de Mt 18, 17, e da famosa palavra a Pedro (Mt 16, 18), que os exegetas concordam hoje em reconhecer como uma palavra em conseqüência da Páscoa.

Basta ler a parábola do joio e do trigo (Mt 13, 24-30) para compreender que Jesus esperava para breve o juízo final. Deus está muito perto para não vir de imediato. Ele selecionará os verdadeiramente fiéis daqueles que pensam ser (Mt 13, 28-30). Por vir instaurar seu Reino, torna-se supérflua a construção de uma comunidade. A urgência não é a de fundar uma instituição, mas que mensageiros anunciem a todo Israel a aurora de novos tempos.

Jesus não fundou a Igreja, mas a Igreja surgiu. Resta perguntar por quê? A resposta tem de ser, ao mesmo tempo, histórica e teológica.

Historicamente, o aparecimento do cristianismo como comunidade religiosa separada da Sinagoga é fruto de um processo longo e complexo. Não se produziu nem de uma só vez, nem em toda parte ao mesmo tempo.

Foi em Antióquia que, pela primeira vez, os seguidores de Jesus foram chamados de *cristãos.*

Despedida dos Apóstolos que vão pregar o Evangelho.

portanto, reconhecidos como uma entidade distinta (At 11, 26), mais ou menos, dez anos após a Páscoa do Senhor. Vários fatores contribuíram para esse processo de separação. A não-chegada do Reino necessitava da existência de uma organização durável. A recusa de Israel à missão cristã, depois da recusa dos cristãos de participar da guerra da libertação judaica (66-70), separou os dois movimentos um do outro. Mas, sobretudo, o sucesso imediato da missão cristã junto aos não-judeus conduziu o judaísmo a se separar de um posicionamento inaceitável sobre a questão da Lei.

Daniel Marguerat, *L'homme qui venait de Nazareth. Ce qu'on peut aujourd'hui savoir de Jésus*, Editions du Moulin, Aubonne, Suíça, 1990

Jesus e o Islã

O Corão fala de Jesus, de sua concepção miraculosa, de seus milagres, de sua bondade, de sua ascensão ao céu sem ter conhecido nem a morte nem a ressurreição. O Corão e os hadith *falam de sua volta no fim dos tempos. Esses textos têm parentesco com os evangelhos apócrifos e com a literatura gnóstica. Os escritos dos místicos muçulmanos fazem referências também a Jesus, mas o Jesus do Islã não é o dos quatro Evangelhos.*

Jesus conduzido ao céu pelos anjos (miniatura persa).

"Jesus, filho de Maria, profeta do Islã"

O título interpela: o islamólogo Roger Arnaldez determina diferenças fundamentais e caminhos de encontro.

[...] O Jesus do Corão é um profeta do Islã [...] não é o Cristo dos Evangelhos mais ou menos retocado. É inteiramente muçulmano [...] todos os traços essenciais da figura de Jesus podem ser encontrados em Abraão, em Moisés, em Maomé.

A maioria dos versículos que falam de Jesus visa mostrar a verdade relativa a ele, em oposição às crenças exageradas do Cristianismo [...], os comentadores, por sua vez, não deixam de enfatizar essa oposição. Eles pensam que os cristãos dedicam um amor excessivo pela pessoa de Jesus e que esse desatino os leva a considerá-lo Filho de Deus. Entretanto, o Jesus do Corão condena, ele próprio, essas crenças. Está escrito que Deus perguntou ao filho de Maria se tinha sido ele quem dissera aos homens de tomar a ele e a sua mãe como duas divindades. Jesus respondeu (5, 116): "Eu lhes disse o que tu me ordenaste dizer: adorai a Deus, meu Senhor, e ao vosso." Sem dúvida, podemos replicar que Jesus jamais disse ao pé da letra que era preciso tomá-lo como Deus, e, menos ainda, a sua Mãe, porém os cristãos o adoram e veneram Maria. No Evangelho, Pedro e seus discípulos confessam que ele é o Filho de Deus. No momento do milagre de andar sobre as águas, os pescadores, que estavam na barca o adoraram (*ibid.*, 14, 33); da mesma forma, após a cura do cego de nascença (Jo 9, 38). O Jesus dos Evangelhos não protesta, deixa-os agir livremente. O Jesus do Corão atesta diante de Deus que alertou os homens a adorarem um só e único Senhor. Ora, o Corão, sendo a Palavra eterna e incriada de Deus, confunde através deste versículo (5, 116) os cristãos e seus doutores.

Em contrapartida, a espiritualidade de Jesus, não somente do Jesus do Corão e dos comentários, mas do Jesus dos Evangelhos, é como um bem comum para cristãos e muçulmanos. Sobre esse ponto, pode-se dizer que o Corão, sobretudo em sua interpretação mística, garante os valores espirituais evangélicos, assim como, inversamente, os textos dos Evangelhos lançam uma luz viva sobre os versículos do Corão que inspiram o sufismo. Daí resulta que este Jesus, profeta do amor de Deus, de Sua bondade e de Sua misericórdia para com os homens, profeta da caridade que o Corão chama de beneficência (*ihsān*), selo, marca de santidade, é um modelo, ao mesmo tempo, para cristãos e para aqueles muçulmanos que não consideram a Lei como um fim nela mesma, e que, para além da Lei, vêem se perfilar no Caminho que conduz à Realidade: *Shari'a, Tariqa, Haqiqa.* Em uma palavra, um diálogo é possível em torno da personalidade humana do Cristo com os muçulmanos que crêem existir uma santidade dos amigos de Deus no prolongamento da Profecia, [...] embora o Cristo dos Evangelhos seja, do ponto de vista dogmático, totalmente diferente do Cristo do Corão e dos comentários, o Jesus do Islã [...] pode inspirar aos muçulmanos um culto de amor a Deus e aos homens, ao menos semelhante, análogo, ao que deve inspirar aos cristãos o Jesus do Cristianismo. Pode-se imaginar uma espécie de concerto espiritual entre cristãos e muçulmanos, um concurso precioso, uma cooperação animada por ideais vizinhos. O diálogo pode desenvolver-se no sentido de uma cooperação para tentar resolver as dificuldades que nosso mundo moderno pede ao homem religioso. Todavia, mesmo dentro desses limites, não faltarão discordâncias, pois, para o crente muçulmano, na vida terrena, deve reinar a Lei de Maomé, e essa Lei, os cristãos não reconhecem. Para os cristãos, o que prevalece desde essa vida é a Lei do Amor, que deve unir os homens, e esta Lei não é um conjunto de preceitos, excelentes, sem dúvida, mas extrínsecos. A Lei do Amor é a realidade de uma Pessoa viva, o Cristo dos Evangelhos, não o do Corão. Na perspectiva cristã, toda Lei, enquanto tal, será anulada, revogada. Permanecerá eternamente a Lei do Amor, que "completa, cumpre e engloba" todas as outras [...].

Reencontramos, pois, uma constante tensão que o Islã carrega com ele, entre o legalismo e o sufismo. Compreende-se a desconfiança que todo misticismo inspira aos doutores da Lei, e, conseqüentemente, sua oposição intrínseca ao Cristianismo, não somente ao Cristianismo Trinitário e da Encarnação, mas ao Cristianismo essencialmente considerado como religião do Amor, como religião sem Lei [...].

Legalistas por definição, eles (os doutores da Lei) estão convencidos de que o verdadeiro Deus está, em sua transcendência, muito além de qualquer amor; que Jesus é seu servo, enviado aos homens para lhes trazer uma lei que confirma, em certo sentido, a de Moisés, e anuncia a de Maomé, que revogará todas as duas.

Roger Arnaldez, *Jésus fils de Marie, prophète de l'islam*, Paris, Desclie, 1980

A vida de Jesus

Que diversidade de imagens produz a palheta das artes ao falar de Jesus! Lá, estão refletidas a sensibilidade de uma época, uma intenção teológica ou ideológica dominante. Nesse museu imaginário, eis para encerrar este livro, a visão da obra e da pessoa de Jesus, que dava, no século passado, J. James Tissot em seu livro Vida de Nosso Senhor Jesus Cristo.

A juventude da Virgem. A Anunciação.

Natividade. ▲ Infância de Jesus. ♦
Jesus entre os doutores. ▼

O batismo de Jesus no Jordão por João Batista.

Tentação no deserto.
Jesus e seus discípulos: vocação de Tiago e João.▼ Vocação de Pedro e André. ♦

Os milagres de Jesus: as Bodas de Caná, onde Jesus transforma a água em vinho. A cura de um doente.

Os discípulos batizando.

Jesus aparece como o Messias a uma mulher da Samaria, apesar do ódio existente entre judeus e samaritanos.

Jesus acalma a tempestade no lago de Tiberíades.

A pesca milagrosa.

De toda parte vêm escutar, tocar, ver Jesus.

Jesus diz: "O primeiro será o último."

Jesus diz: "É preciso dar a César o que é de César e a Deus o que é de Deus."

Jesus partilha sua última refeição com seus discípulos: a Ceia.

O beijo de Judas. ▲
Jesus na prisão. ♦

Jesus é apresentado diante de Pilatos. ▲
O procurador romano lava as mãos e entrega Jesus ao suplício da cruz.
A coroação de espinhos. ♦
O caminho da cruz: Jesus cai pela primeira vez. ▼

Jesus é pregado na cruz. ▲ Elevação da cruz. ▲ *Mater dolorosa:* a dor da Virgem aos pés da cruz. ♦

BIBLIOGRAFIA

Tradução do Novo Testamento

Le Nouveau Testament. Tradução da Bíblia de Jerusalém, Cerf.
Le Nouveau Testament. Tradução ecumênica, edição revisada, 1988, Cerf.
Le Nouveau Testament. Collection Sagesse, Points. Tradução Osty-Trinquet.

Dicionários

W. Corswant, *Dictionnaire d'archéologie biblique*, Delachaux et Niestlé.
X. Léon-Dufour, *Dictionnaire du Nouveau Testament*, Le Seuil.
Dictionnaire culturel de la Bible. Cerf-Nathan.
Petit Dictionnaire encyclopédique de la Bible, Brépols.

Estudos sobre os Evangelhos

P. Frederiksen, *De Jésus aux Christs*, Cerf.
P. Grelot, "Les Evangiles, origine, date et historicité", *Cahier Evangile*, nº 45, 1983, Cerf.
C. Perrot, "Les Récits de l'enfance de Jésus", *Cahier Evangile*, nº 18, Cerf.
F. Quéré, *Les Evangiles apocryphes*, Le Seuil.
F. Quéré, *Les ennemis de Jésus*, Le Seuil.
M. Quesnell, *L'Histoire des Evangiles*, Cerf-Fides.
I. Vaganay e C.B. Amphoux, *Initiation à la critique textuelle du Nouveau Testament*, Cerf.
"Les Evangiles, naissance, transmission", *Le Monde de la Bible*, nº 47, 1987, Bayard-Presse.

O meio político, social e religioso

J. Jeremias, *Jérusalem au temps de Jésus*, Cerf.
E. Lohse, *Le Milieu du Nouveau Testament*, Cerf.
"La Palestine au temps de Jésus", *Cahiers Evangile*, nº 27, Cerf.
E. Morin, *L'Evénement Jésus*, Cerf.
"Jésus, un peuple et sa terre", *Le Monde de la Bible*, nº 50, Bayard-Presse.
A. Paul, *Le Monde des Juifs à l'heure de Jésus – histoire politique*, Desclée.
A. Paul, "Inter testament", *Cahier Evangile*, nº 14, Cerf.
"Le Temple de Jérusalem". *Le Monde de la Bible*, nº 13, Bayard-Presse.
"Jérusalem au temps de Jésus", *Le Monde de la Bible*, nº 60, Bayard-Presse.
"Jésus et le lac", *Le Mond de la Bible*, nº 38, Bayard-Presse.
M. Simon e A. Benoit, *Le Judaïsme et le Christianisme antique*, P.U.F.

Obras sobre Jesus

P. M. Beaude, *Jésus de Nazareth*, Desclée.
R. Bultmann, *Jésus*, Le Seuil.
C. Bornkamm, *Qui est Jésus de Nazareth?*, Le Seuil.
Dodd, *Le Fondateur du christianisme*, Le Seuil.
D. Flusser, *Jésus*, Le Seuil.
C. Perrot, *Jésus et l'histoire*, Desclée.
M. Goguel, *La Vie de Jésus*, Payot.
M. Machovec, *Jésus pour les athées*, Desclée.
D. Marguerat, *L'Homme qui venait de Nazareth*, Ed. du Moulin, Aubonne, Suíça.
F. Quéré, *Les Femmes de l'Evangile*, Le Seuil.
E. Renan, *Vie de Jésus*, Folio.
J.-F. Six, *Jésus*, Le Seuil.
Theissen, *Le Christianisme de Jésus*, Desclée.
Theissen, *L'Ombre du Galiléen*, Cerf.
E. Trocmé, *Jésus de Nazareth vu par les témoins de sa vie*, Delachaux e Niestlé.
G. Vermès, *Jésus le juif*, Desclée.

ÍNDICE DAS ILUSTRAÇÕES

CAPA

1º plano Antonio Ciseri (1821-1891), *Ecce Homo*, pintura. Florença, Galleria d'Arte Moderna. Dos William Blake (1757-1827), *A Terceira Tentação do Cristo*, detalhe, aquarela. Londres, Victoria and Albert Museum.

CONTRACAPA

Giotto, *O Beijo de Judas*, afresco, 1303-1305. Pádua, Cappella degli Scrovegni.

ABERTURA

1/9 Bruno Piglhein, Karl Frosch, Josef Krieger, *Panorama de Jerusalém no dia da Crucifixão*, pintura. Munique, 1886, heliogravura do século XIX. Coleção R. Bornecque.
11 Rafael (1483-1520), *A Pesca Milagrosa*, pintura. Londres, Victoria and Albert Museum.

CAPÍTULO IV

CAPÍTULO V

CAPÍTULO VI

CAPÍTULO VII

TESTEMUNHOS E DOCUMENTOS

ÍNDICE

A

B

C

D

E

F

G – H

I – J

L

M

N - O

P

Q - R

S

T - Z

CRÉDITOS FOTOGRÁFICOS

Alinari/Giraudon, Paris 2e plat, 65h, 122, 142, 143, 144, 145, 147. Artephot, Paris/Babey 54/55b. Bibliothèque nationale 54hg, 71h. Fabbri 108/109b. Faillet 82.Held 67, 76h, 76b. Nimatallah 35hg, 77h. Percheron 56b, 57b, 72h, 109h, 120h. Trela 60b, 72/73m, 130b. ASAP, Jérusalem/IT 24b. Alisa Auerbach 43. Mike Ganor 15hd. David Harris 39g. Beth Hatefutsoth 51, 59. Garo Nalbandian 40g, 86b, 87, 112, 119h, 138. Zev Radovan 48m, 49m. Nitsan Shorer 39d. Bibliothèque nationale, Paris 30h, 31, 40d, 50, 55h, 56h, 57h, 66b, 90, 102/103, 105. Bridgeman/Giraudon/Giraudon, Paris 11, 135, 159. J.-L. Charmet, Paris 16/17, 18, 19h, 20h, 34b, 62, 79, 148. Dagli Orti, Paris 53, 70, 83, 88, 91h, 93, 98b, 99b, 100h, 111, 115, 132/133, 164. D.R. 1/9, 22, 25h, 38, 66h, 98/99, 113, 130/131, 170-181. Edimèia, Paris 18b, 154/155. Germanisches Nationalmuseum, Nüremberg 60/61. Giraudon, Paris 16b, 28/29, 63, 75, 80/81, 84, 94g, 96, 120b, 124b, 156/ Ch. Hémon/Musée Dobrée, Nantes 24/25. Hans Hinz, Allschwill 58. Jacques Houzel/La Vie, Paris 10. Israël Museum, Jérusalem 48h, 48b, 49h, 52, 86h, 89, 91b, 151. Hubert Josse, Paris 13, 14/15, 21, 78, 85, 94d, 123, 125hg. Lauros-Giraudon, Paris 26, 106/107, 116/117, 162/163, 165, 166/167. Erich Lessing/Magnum, Paris dos, 14h, 23g, 34/35, 41, 42, 61b, 69, 71m, 73h, 74, 97, 103h, 110, 127h, 152. National Gallery, Londres 128. Orsi Battaglini/Giraudon, Paris 46, 47. Réunion des Musées nationaux, Paris 12, 23d, 30d, 33, 64/65bb, 68, 95, 102h, 113b, 118/119, 121, 126/127, 160. Roger-Viollet, Paris 104b, 105b, Roland et Sabrina Michaud, Paris 168. Scala, Antella (Florence) couverture, 20b, 27, 32, 44/45, 92/93, 100b, 101, 114, 124h, 125h. Zefa (U.L.) 140.

AGRADECIMENTOS

O autor sente-se feliz em expressar seus agradecimentos a Pierre-Marie Beaude, Ladan Boroumand, Hélène e Michel Raud, Christine Jacquemart de Gemeaux, Hyacinthe Vulliez, Anne-Laure e Bertrand Fournier Le Roy, Elizabeth e Bertrand Gibert, Jeanne Lagarrigue, Marie e Michel Gruyer, Jeannette Bourrières e Gabrielle Chevassus, que colaboraram com competência e amizade na realização desta obra.

OUTROS COLABORADORES

Jacqueline Vallon participou da elaboração do projeto. Nathalie Palma revisou o texto desta obra. Vincent Lever fez a maquete do *corpus*. Dominique Guillaumin a dos Testemunhos e Documentos. Béatrice Petit fez a pesquisa iconográfica.

Sumário